学級を最高のチームにする極意

思春期の子どもとつながる学級集団づくり

赤坂 真二 編著

明治図書

まえがき

　思春期の子どもたちとよい関係をつくることは得意ですか。
　小学校の低中学年の子どもたちは，教師の言うことを素直に尊重してくれます。また，大人は大人で，こちらで多少おかしなことを言っても，文字通り「大人の対応」でそれなりに付き合ってくれます。
　しかし，思春期の子どもたちとの関係づくりは，難しいと言われます。小学校高学年の女子の行動に見られるように，一人と関係がこじれると集団で反抗するようなことが起こり得ます。また，昨日は親友のようににこやかに接していたのに，今日は声をかけても知らんぷりをするなどのようなこともあります。大人にとっては理解が難しかったり，また，「脅威」を与えるような行動を取ることもあります。
　思春期の子どもたちには，強制やごまかしは利きません。強制をすれば抵抗し，ごまかせばすぐに見破ります。思春期の子どもたちは，ルール志向ではなく，理解志向だと言われます。つまり，規則や約束事で行動を選択するのではなく，自分を理解してくれる人の言うことを尊重し，それに基づき行動を選択するのです。
　思春期の子どもたちは，信頼関係のある人の言うことを聞くわけです。そうした意味で，思春期の子どもたちと良好な関係をつくるプロセスは，「人間関係づくりの学校」と呼ぶべき学びの宝庫と見ることもできます。みなさんの周りには，こんな先生はいませんか。指導が難しいと言われるやんちゃ坊主と深い信頼関係で結ばれている先生，他の人にはなかなか自分の思いを伝えることができない子の気持ちや思いを上手に引き出すことができる先生，そうした先生方は，思春期の子どもたちとつながるための何か秘訣のようなものをもっているのだと考えられます。
　しかし，子どもたちとの人間関係づくりの秘訣は，どこか名人芸的に扱われていて，その考え方や技は共有されない傾向があります。伝える方も，なぜうまくいくのか説明できない場合も多くあります。

本書の執筆者である，松下崇，松尾英明，飯村友和，長崎祐嗣，山田将由，永地志乃，近藤佳織，白根奈巳，堀川真理，久下亘，山本宏幸，大谷啓介の12名は，それぞれに素晴らしい集団づくりや生徒指導を実現している実践家たちです。彼らの卓越しているところは，実践が素晴らしいだけでなくそれを人に伝える言葉をもっているということです。

　彼らの高い指導力が，強制や圧力をリソースとしたリーダーシップではないことに注目しています。一人一人の子どもたちと確かな信頼関係を築くことで，素晴らしい成果を挙げているのです。彼らも最初からそうした力をもっていたわけではないと言います。試行錯誤と学びの末，つかんだものなのです。

　思春期の子どもたちは，ひょっとしたら教師としては指導が難しい存在なのかもしれません。しかし，彼らの苛立ちや不安定さは，彼らの本音から出てくるメッセージでもあります。そうした感情に寄り添うことで，確かな信頼関係を築くことができるでしょう。そして，その信頼関係は，子どもたちの瑞々しいやる気を引き出すエネルギー源となるはずです。つまり，思春期の指導の難しさは，私たちにとって学びの機会であり，それを克服することは，子どもたちと信頼関係を結び，彼らのやる気を引き出すまたとない機会だと言えるのです。

　本書は理論編と実践編から構成されます。理論編では，思春期をどう捉え，どのように子どもたちに寄り添うことが適切なのかについて方針を述べました。実践編では，「①思春期の指導において大切にしていること，②思春期の具体的指導，③思春期指導の極意」の三つの視点からそれぞれの執筆者の具体的な取り組みを述べました。その考え方を参考にしてもいいし，方法論を参考にしてもいいです。活用の仕方は様々あると思います。

　類書のない画期的な書籍ができたと思っています。本書が，みなさんと一人一人の子どもたちとの信頼関係づくりに少しでも寄与できるならば，これに勝る幸せはありません。

赤坂　真二

まえがき

第1章 思春期の難しさに向き合い支援する　9

1　思春期の指導は得意ですか？　10
2　思春期と学級集団づくり　13
3　不安定さは突然「見えるようになる」ことから来る　15
4　誰が言うか　19

「思春期の子どもとつながる学級集団づくり」の使い方

※第2章の実践編は，下記の項目を中心にまとめています。

❶**思春期の指導において大切にしていること**
▶思春期の指導における失敗事例からここを気を付けるようになった，思春期の子どもとのつながり・指導において大切にしていることなど，思春期指導の基本的な考え方についてまとめました。

❷**思春期の具体的指導**
▶①良好な関係性を保つため，またつくるための取り組み・成功している事例や日常的な指導の在り方，②関係がこじれてしまったが，回復した事例，地獄からの生還的エピソードを，子どもとのやりとりが具体的にありありとわかる形でまとめました。

❸**思春期指導の極意**
▶これまでの取り組みから導き出された指導の原理原則をまとめました。失敗事例なども踏まえて，陥りがちなミスなども入れてまとめています。

第2章 思春期の子どもとつながる学級集団づくり　23

① 思春期の子どもたちと向き合う‼～「目標設定」と「傾聴」を手掛かりに～　24

1　思春期の指導において大切にしていること　24
　　　(1)　集団の目標に向かって，心を一つにしていくポイント　25
　　　(2)　子どもの声なき声に耳を傾ける　26
　　　(3)　二つのポイントを成立させるためにはきめ細かな言葉がけが大切！　27
　　2　思春期の具体的指導　28
　　　(1)　状況を丁寧に聞くことから始める　29
　　　(2)　いけないものはいけないと伝えることが目標づくりの第一歩　30
　　　(3)　子どもの本音から目標を設定する　31
　　　(4)　学級で取り組む　32
　　3　思春期指導の極意　33

② **思春期の性差を意識した指導～『信・敬・慕』の関係を築く～　34**
　　1　思春期の指導において大切にしていること　34
　　　(1)　思春期には性差を意識した指導を心がける　34
　　　(2)　子どもとの良好な関係を築くために『信・敬・慕』を意識　38
　　2　思春期の具体的指導　40
　　　(1)　まずは男女を混ぜる　グループを混ぜる　40
　　　(2)　思春期の陰湿ないじめと向き合う　41
　　　(3)　思春期の子どもの自主性を尊重し，主体的に動けるイベントを　42
　　　(4)　天国から地獄へ　思春期の子どもは「隠す」　教師は見えない　43
　　　(5)　同じ轍を踏まないために　子どもを観る視点を増やす　45

③ **高学年女子の指導　こうすれば失敗する！　46**
　　1　思春期の指導において大切にしていること～こうすれば失敗する～　46
　　2　思春期の具体的指導～私の失敗談から見る成功への道筋～　47
　　　(1)　恥をかかせる　47
　　　(2)　言っていることとやっていることが違う　50
　　　(3)　コミュニケーションをとる努力をしない　51
　　　(4)　価値を考えさせないでとにかくやらせる　53
　　　(5)　100％教師の思い通りにしようとする　56
　　3　思春期指導の極意　57

④ **クッションでやわらかにつながる　58**
　　1　思春期の指導において大切にしていること　58
　　　(1)　学校を異動すればスタートはマイナスから　58
　　　(2)　信頼関係を築くために意識していること　59
　　2　思春期の具体的指導　62

(1) B理論はすごい！　62
　　(2) 教師とのつながりが弱くても居場所があれば大丈夫！　65
　　(3) 女子のグループについて　66
　　(4) 子どもの話を聞いてくれる教師　67

⑤ **思春期の子どもたちの意欲を引き出す三つの方法**　68
　1　思春期の指導において大切にしていること　68
　2　思春期の具体的指導　72
　　(1) 信頼関係　72
　　(2) 協力　75
　　(3) 引き出す　77

⑥ **「私は先生に大切にされている」**
　　～思春期の子どもたちとつながるための"想像するチカラ"～　79
　1　思春期の指導において大切にしていること　79
　2　思春期の具体的指導　80
　　(1) 共感とユーモアとスルーでつながる　80
　　(2) プラスの称号を与える　85
　　(3) 保護者とつながる　87
　3　思春期指導の極意　88

⑦ **直球勝負にこだわらない　球種を増やそう**　89
　1　思春期の指導において大切にしていること　89
　2　思春期の具体的指導　91
　　(1) よい関係づくりのために行ったこと　91
　　(2) 直球を投げずに我慢した高学年女子　95
　　(3) 必要なことは伝え，あとはベンチで見つめる　96
　3　思春期指導の極意　98

⑧ **反抗的態度の男子とのかかわり方**　99
　1　思春期の指導において大切にしていること　99
　　(1) 私は「力で押さえきれない」からこそ　99
　　(2) 一人で頑張らない　101
　　(3) 頼ることは恥ずかしいことじゃない　103
　2　思春期の具体的指導　103
　　(1) 反抗的態度の男子との具体的なかかわり方　103
　　(2) 子どもとの関係づくりのために　107
　　(3) 自分らしく子どもとかかわる　108

⑨ まずは自分が思春期にならなきゃ!! 109
　1　思春期の指導において大切にしていること 109
　2　思春期の具体的指導 110
　　(1) 大大失敗！ 110
　　(2) ほこりはばんばん出さなくちゃ 114

⑩ 心は「姿」に顕れる 119
　1　思春期の指導において大切にしていること 119
　　(1) ありのままを受け止めること 119
　　(2) 自分のものさしや理念をかざし，押しつける教師 119
　　(3) 小中学校の校種の段差から思春期の子どもたちのかかわりを考える 122
　2　思春期の具体的指導 122
　　(1) 思春期の思いをありのまま受け止めて，来るべき時を待つ 122
　　(2) あえて，普段通りに接する 125
　3　思春期指導の極意 128

⑪ 「誰かのためにできること」を感じ合う 129
　1　思春期の指導において大切にしていること 129
　　(1) …と言われても… 129
　　(2) 生徒の人格をむやみに評価しない 130
　　(3) 私の失敗「他の言い方はなかったのだろうか…」 130
　　(4) プラスの影響を意識する 131
　　(5) てれるてらす（照れる照らす） 131
　2　思春期の具体的指導 132
　　(1) 化粧を落とした時 132
　　(2) 教師の力を超える力 135
　3　思春期指導の極意 138

⑫ 小さなブロックを積み上げて自分をつくる 139
　1　思春期の指導において大切にしていること 139
　2　思春期の具体的指導 143
　　(1) ラブレターを使って異性に対する自分を（中2：学級） 143
　　(2) 容姿が気になり，人前に出られなくなったP子（中1） 145

あとがき

第1章

思春期の難しさに向き合い支援する

思春期指導の理論編

1 思春期の指導は得意ですか？

　最初に，ある中学校と小学校のエピソードをお読みください。最初は，ある中学校での話です。

　私が通りかかると180センチくらいはあろうかという男子生徒が，理由はわかりませんが大きな声で叫んでいました。状況から察するに，友だちとふざけ合っているうちにそれが度を過ぎ，相手を傷つける言葉を言ってしまい，そこを教師に注意されたことが気に入らず，怒りを露わにしていたようです。
　目の前にいた注意をした女性教師は，彼をなだめようとしていましたが，150センチくらいの彼女と，その生徒では体格差がありすぎます。興奮した男子生徒を相手にするには困難が予想されました。すぐに男性の支援員さんが駆け付けて，生徒に声をかけました。その支援員さんと生徒のやりとりです。
　「おお，○○（生徒の名前），どうした〜？」
　「うるせえ，◇◇（支援員の名前），お前には関係ねえ〜！　あっち行け！」
　支援員は，それでも穏やかな表情で近づきました。
　「◇◇，それ以上，近づくな！　近づいたらぶっ殺すぞ！」
　「ああ，わかった」
　さらに，支援員は近づきました。
　「俺に触るな！　触るんじゃねえ！」
　「わかった，ちょっとあっち行こう。な，みんな見ているから」
　「うるせえ，殺す，殺す，殺す！」
　しばらく叫んでいましたが，他の職員も駆け付けたため，分が悪いと判断したのか，彼は別室に連れて行かれました。

次は，ある小学校での話です。

　6年生が，プール掃除をしていました。担任は，6年生がプール掃除をすることの意味を学級指導でよく話した上で，活動を始めました。最初は，みんなが真面目に取り組んでいました。しかし，途中で3人の女子が水かけっこのようなことを始めました。それを見かけた若き男性教師は，このままでは他の子どもたちに示しがつかないと思い，彼女たちを一喝しました。
　「ナニやっているんだ！」
　彼女たちは，一瞬ふくれたような顔をしましたが，水かけっこをやめて，その後はプール掃除を続けました。しかし，その次の時間のことです。叱られた女子3名は，授業に出ませんでした。見つけ出して理由を聞くと，
　「やる気がしなかった」
ということでした。それ以上聞いても「別に…」を繰り返すだけでした。それからその3名は，事あるごとに担任に反抗的な言動をしました。時には，コソコソ話をしたり，時には，あからさまに態度に示したりして。
　担任は，その3名に気を使い学級のルールを徹底することが難しくなりました。すると，今度はそれまでうまくいっていた男子と担任の関係もぎくしゃくし出しました。
　「女子に甘い」
と，担任を批判する男子が出てきました。同じことをしても男子は叱られるのに，女子は許されたり，叱り方がゆるかったりしたからです。せっかくの卒業学年で，教師は張り切って学級経営をしようと気合いを入れて臨んだ1年でしたが，大変苦しい1年になったとのことです。

　どちらも，実際にあった話です。中学校で勤務したり，小学校の高学年を担任すれば遭遇し得ることでしょう。みなさんは，教師として，小学校と中学校のどちらか一方で働くことの選択を迫られたらどちらを選びますか。また，小学校の教師ならば，低学年と高学年のどちらかを選ばなくてはならな

いとしたらどちらを選びますか。中学生だったら，何年生を担任したいですか。その判断基準の何％かに，指導のし易さという要因があるのではないでしょうか。そして，その指導の難易度に思春期というものの存在が影響しているのではないでしょうか。

　思春期の指導は難しいと言われます。小学校ではその難しさから，「高学年は担任したくない」と本音を漏らす人もいます。小学生と中学生を指導するならば，中学生の方が難しいという印象が世間一般にはあるようです。その中学生についても，「中２病」と呼ばれるこの時期を中心とした特有の状況があるようですが，これなども思春期の理解の難しさを表したものではないでしょうか。

　「小学生と中学生の指導は，どちらが難しいか」という議論は，個人の主観に深くかかわる問題ですので，断定することはできないでしょう。小学校の教師でも，「低学年のわけわからない感じに比べたら高学年の方がまだいい」と言う人もいますし，中学校の教師は「思春期ってそんなものだ」と言う人もいるし，「あのごちゃごちゃしているところが好きだ」と言う人さえいます。一方で，「小学校高学年の女子はややこしい」とか「生意気盛りの中学生」などと言われることから，世間一般に思春期の指導は難しいというイメージがあるのも事実でしょう。

　人の発達において，思春期と名の付いた特別な時期があり，そこに世間一般にある特有のイメージが付随しているということは，その時期の子どもたちが，独特の行動をするということです。やはりこれは，教師にとって

> しっかりと向き合って理解しておくべき問題

だと言えるでしょう。
　それでは思春期とは一体何なのでしょうか。

2 思春期と学級集団づくり

　思春期とは，通常，第二次性徴の始まりから終わりを指します。ということは，体の特徴的な変化をもってこの時期が規定されていると言えます。体の変化だけならば，小中学校の教師としてはあまり，難しさを感じなくてもいいでしょう。問題は，変化は体だけでなく，心にも起こるということです。

　その外部には見えにくい心に起こる変化が，周囲の在り方と摩擦を起こし，人間関係などの問題として顕在化します。一人で複数の子どもたちを相手にする教師，また，集団経営をする教師の難しさは，変化している子が一人ではないということです。摩擦を起こしている子が，たった一人であり，周囲が安定しているのならば問題は複雑化しません。その子の変化に伴う不安定さを，安定した周囲が受け止めてやることができるからです。

　しかし思春期は，子どもたち全員に訪れます。多くの子が不安定な状態におかれます。全員が同じ方向に揺れるならば，摩擦は起こらないでしょうが，そんなことはあり得ません。思春期の影響は，十人十色だからです。始まりも終わりも，その質もバラバラです。つまり，みんなが違った方向に揺れるような状態です。ですからそれだけ，摩擦も大きくなります。

　思春期前と思春期の集団づくりを比べて，後者に難しさがあるとするならば，その一つとして，一人一人が不安定な状態にあることが挙げられます。一人一人の不安定さが，学級集団における摩擦を大きくします。ここで言う摩擦とは，学級集団における人間関係に起因する問題です。

　反抗的になるとか，女子がグループ化するとかなどの発達に伴う変化やそれに伴う葛藤は，否定できるものではないし，成長として受け入れるべきものです。教師として対応を迫られるのは，そうした変化によって引き起こされる不具合です。これは放ってはおけないものもあります。

> 関係性の不具合は，集団の生産性に強く影響する

からです。集団における生産性とは，教育活動の達成状況です。それは，学力が上がったり，各種行事がそのねらいを達成したりすることです。集団が機能しなくなったら教育活動が成り立たなくなります。

　日本の教育は，集団という形態をとって学ぶシステムです。極端な例を挙げれば，学級崩壊している集団で，学力は上がりません。また，整列ができない，話を聞くことができない，ルールが守れない集団が，修学旅行や運動会を意味あるものにできるでしょうか。

　本シリーズのあちこちで繰り返し述べられていることですが，教師がまず向き合わなければならないのは集団を機能させることです。これは，個の育ちを疎かにしていいという話ではありません。むしろ，全く逆です。

> 集団が機能して，初めて，個が育つ条件が整う

のです。よい家庭でよい子が育つ可能性が高いのと同じです。

　「衣食足りて礼節を知る」とよく言いますが，よい環境がよい行いを生むのは事実です。人には主体性という素晴らしい能力がありますから，逆境でも優れた力を身に付けることはあり得ます。それは，尊いことですが割合としては少ないことです。教育としては，どんな状況にあろうとも，立派な行動ができる個を育てるべきなのかもしれません。しかし，圧倒的多くの子どもたちは，環境から影響を受けて成長するのです。

　機能する集団の中で，学力を付けたり，他者と協力をする能力を磨いたりすることが可能になります。

> よりよい個を育てるために機能する集団を育てる

のです。そのための合理的な戦略として，学級をチーム化するのです。

　思春期は，学級をチーム化することにおいて，とても脆い状態にあるということです。冒頭に示した事例のようなことが日常的に起こっていたら，子どもたちは安心して学ぶことはできません。しかし，一方でその不安定さは，成長前の揺らぎと捉えることもできます。

> ジャンプする前に必ず屈むように，その後には飛躍の時が控えている

のです。思春期の子どもたちの学級集団づくりをしていくためには，その不安定さがどこから来るのか理解しておく必要があるでしょう。そして，その不安定さを飛躍に導くことが教師の仕事ではないでしょうか。

3 不安定さは突然「見えるようになる」ことから来る

「三つ子の魂，百まで」と言われるように，幼年期に子どもたちの人格はほぼできあがるとの主張もありますが，一方で，大人のような考え方をするようになるのは，10歳前後という見方もあります。本書では，この立場を支持します。所謂「10歳の壁」と呼ばれる時期を越えた辺りと思春期は深いかかわりがあると捉えています。

この時期に何が起こるかというと，認知能力の飛躍的な成長です。

みなさんは，いかがですか。今まで見えなかったことが，見えるようになったら，何を思いますか。徐々にそれが起こるならばいざ知らず，突然，自分の背後が見えるようになったらどうでしょう。突然，壁の向こうにあるものが見えるようになったらどうでしょう。戸惑いませんか。

思春期の不安定さは，今まで気付かなかったことやいろいろなことがわかるようになって，解釈や理解が追いつかないことから来るのではないかと考えています。

(1) 他者目線で自分を見る力の発達

最もよく指摘されるのが，他者目線で自分を見ることが可能になるということです。所謂，メタ認知の力です。それに伴い，自己の相対化が進みます。自分と他者の比較を強く意識したり，だから，それまで気付かなかった自分のダメなところがわかるようになります。

自分の能力的なこともそうですが，容姿や，家庭環境なども今まで気にな

らなかったことに気付きます。「○○ちゃんに比べてかわいくない」とか「△△君の家に比べて家はお金がない」などのことを考えるようになります。したがって，この時期から自尊感情が顕著に下がってくることも指摘されます。また，一方で，「運動は苦手だけど，絵はうまい」などのように，複数の視点で自分を評価できるようになります。

　小学校３年生くらいまでは，家庭環境にハンデがあっても，溌剌と学校に通い，学習に励む子どもたちがいます。しかし，そんな彼らが４年生くらいから，やる気に陰りが見えたり生徒指導上の問題を起こしがちになる場合があります。「荒み」が顕在化してくるのがこの時期だと言われています。

　また，主観的な自分と客観的な自分を理解できるようになります。「僕は自分のことをこう思っているけど，みんなはそう思っていないようだ」とか「みんなは僕のことをそう言うけど，僕はそうは思わない」などの思考ができるようになります。さらに，時間軸の中での自分も捉えることが可能になります。「今の僕はこうだけど，将来はこうなっているだろう」といった思考ができるようになります。思春期前は，「今その瞬間」を生きていた子どもたちが，「明日やこれからのこと」を考え始めるわけです。

　これらのことを踏まえて，次のような対応が求められるでしょう。

> ①多様な観点で評価する。学習や運動など評価しやすいことばかりではなく，思いやりや主体性，自発性，努力，貢献，ちょっとした伸びなど目立たない部分も評価するようにする。
> ②他者との比較ではなく，その子の個性を認め，固有の価値や尊さを見つける。
> ③友だち同士の「ほめ合い」などの活動を一つの方法として，肯定的な他者評価に触れさせる。他者が肯定的に自分を見ていることを自覚させると同時に，他者への信頼感を育てるようにする。
> ④「あなたはあなたのままで十分に素晴らしい」と言って現在のよさを踏まえた上で，「あなたならこうなれる」「これを続けたらこうなるよ」「これができるようになるよ」などの明るい希望をもたせるような助言をする。

つまり，自尊感情を下げないようなコミュニケーションをし，自尊感情の高揚を実感するような場を日常的に設定していくことが大切です。

(2) 感情のコントロールが難しくなる

認知能力の飛躍的向上は，自他の感情を読み取る力も引き上げます。自分に対しての喜怒哀楽も認識する一方で，他者の喜怒哀楽もしっかりと認識するようになります。しかし，他者の感情の読み取りは，主観的なものなので，「独りよがり」になることがあります。つまり，正確ではないことがあります。そうすると，他者の顔色をうかがって言いたいことややりたいことを我慢することも起こります。

その結果，過剰に周囲に気を遣ったり，逆に，感情を抑えきれずにコントロールができなくなるようなことも起こります。不安定になっている時は，教師が理解不能な行動をするかもしれませんが，本人たちも混乱して自分のことがよくわからなくなっている可能性があります。

冒頭に示した中学校の事例ですが，暴れていた子は，教師や支援員に「殺す」などと言ってはいけないことは百も承知のことでしょう。普段はお茶目なところもある愛すべき少年なのだと思います。しかし，スイッチが入ってしまうと自分でどうすることもできません（本人がそう自覚している可能性もあります）。「どうして，あんなこと言ったの？」「なぜ，あんなに暴れたのか」と問われても，本人には説明できない可能性が高いです。

これらのことを踏まえて，次のような対応が求められるでしょう。

①教室内に何でも言える雰囲気や信頼関係を構築する。
②感情的になっている時は，その理由や経緯を本人もよくわかっていないことがあるので，理詰めで指導しない。
③感情的になって不適切な言動をした時は，行為については指導をするが，感情については否定せず，受け止める。
④不適切な言動を指導する時は，感情を共有する。感情を共有するには，感情

を言語化するのも一つの方法である。
⑤複雑な感情を感じ取ることができていても説明できないことがあるので，教師が感情を表現する言葉を多く知っていることが望ましい。
⑥子どもたちの感情を決めつけないようにする。こちらからどんな感情だったか聞き出す時は，「～だったの？」「～かな？」などと質問形式にすることが望ましい。
(例)「さっき，○○君を殴っちゃったのは，殴りたいほどむかついたからなの？」
「さっき，泣いていたのは，不安だったのかな？」

(3) 友だち優位になる

　教師との関係性よりも友だち同士の関係性を重視するようになります。友だちのために何かをしたいと強く思う一方で，友だちがいるからこそのトラブルも増えてきます。また，逆に，友だちがいないことが教室内でのステイタスを下げたり，それに伴う強いストレスを感じる場合があります。冒頭に挙げた小学校の事例では，おそらくプール清掃中に遊ぶことや授業をさぼることに対して，抵抗があった子もいたはずです。しかし，仲間の誘いには抗えなかったのでしょう。
　自分に関心が集中していた時期から，他者に関心が向かう時期に入るので，思いやりが育つよい時でもあります。しかし，かかわりが増え，深まる一方で，友だちがらみのトラブルが起こりがちになります。
　「今その瞬間」を生きる思春期前の時は，意地悪も嫌がらせも一過性で終わる可能性があります。しかし，長期の見通しが利く思春期になると，意地悪や嫌がらせが長期化する恐れも出てきます。それに応じて，陰湿ないじめにエスカレートする可能性もあるのです。
　これらのことを踏まえて，次のような対応が求められるでしょう。

①教室に適切な関係性を構築する。
②孤立傾向の子には,友だちができるような支援をする。
③教師の直接介入による仲間づくりは,ほとんど功を奏すことがないと自覚し,協力的活動(学び合うことによる学習活動やイベントの計画)や仲間を支援する活動(子ども同士の悩み相談)などを仕組み,仲間づくりの場を設定するようにする。
④いじめ指導においても,教師の直接的指導をきっかけとするも,子どもたちの自治的活動によるいじめ抑止,防止の活動を仕組むようにする。

4 誰が言うか

　子どもたちは,社会的にも発達的にも「弱い」存在です。「守られながら生きる」ことから人生を始めています。だから,ルールに従って生きるというよりも,人に従って生きる傾向を保ちます。自分を守ってくれるのは,決まりではなく,父や母,家族であることを学びながら大きくなるからです。つまり,「何を言うか」より「誰が言うか」を重視するのです。
　そして,思春期は,認知能力の飛躍的向上から,自分自身に対する見方同様に,他者に対する見方も精度が増します。その「誰が言うか」の「誰」を見極める精度も高くなるわけです。つまり,

「誰」になるかのストライクゾーンが狭くなる

と言えます。
　一人一人との確かな信頼関係の構築が,思春期指導の成功の鉄則です。「この先生が言うんだから,仕方ないなあ」と思わせるくらいにつながることがポイントになります。そのためには何をすべきかが次のエピソードに示されていると思います。

ある小学校で６年生と給食を食べました。一人の女子が，長い髪で片目を隠し，教室内でマスクをしてフードをかぶっていました。話しかけると最初は目をそらしました。しかし，徐々にこちらに興味をもってきたようで，「アニメ見る？」と聞いてきました。私は，あるアニメのタイトルを言いました。すると少し笑いました。
　「主人公の名前知ってる？」
と尋ねると，
　「シンジでしょ？」
と答えました。
　「俺も，シンジ，よろしく」
と笑うと「マジ！」と手を叩いて笑いました。しばらくすると，自分のお気に入りのキャラクターの切り抜きをはさんだファイルを見せ，そこにサインしてほしいと言いました。
　「こんな大事な物にしていいの？」
と聞くと，「うん」とうなずきました。彼女の後ろには，他の子どもたちの行列ができていました。
　給食は終わり，校長室に帰って校長先生と話していると，ノックの音がしました。入ってきたのは，フードの彼女でした。
　「あの，さっきは，言えなかったんだけど，本当にサインしてほしかったのは名札。ここにして」
と言って名札を差し出すと，フードを取りマスクを外し，髪をかき上げて顔を見せてくれました。12歳のあどけない表情でした。

　「私のかかわり方がよかった」という話ではありません。この事実をつくってくれたのは担任とクラスメートです。そして，マスクを外させたのは担任の一言でした。校長室で，彼女が私に最後のお願いをした時に，すかさず担任が言いました。
　「○○さん，ほら，モノを頼む時は，それなりの態度ってものがあるでし

ょうが～」
　それを聞いて，彼女ははっとして，マスクを外したのでした。また，給食を食べながら，クラスメートが，「彼女がいつからフードをかぶり始めたか」，だけでなく，「普段はどんな子なのか」「何が得意なのか」など彼女のよさについても教えてくれました。
　彼女が，なぜフードをかぶり始めたかはわかりません。なぜマスクを外せないのかもわかりません。それは，担任もクラスメートもわかっていないようでした。おそらく，彼女自身もわかっていないのではないでしょうか。
　ただ，わかっていることは，「今の彼女にフードとマスクを外すことはできない」ことと，「マスクとフードがあれば教室にいられる」ということです。そして，最も重要なことは，この教室にいるみんなが，それを理解していることでした。
　「そんな身勝手は許さない方がいい」「中学校に行ったらそれは許されない，だから外させるべきだ」など，「こうすべき」という論で迫ったら，いくらでも理想論は言えるでしょう。しかし，きっとここまで何度も，彼女にフードとマスクを外す指導があったはずです。彼女だってそうしたいことでしょう。でも，「今はできない」のです。フードとマスクは，彼女がそこにいるための「ベストな選択」だったのではないでしょうか。そして，それを周囲が尊重した結果だったと思います。

(赤坂　真二)

第2章

思春期の子どもとつながる学級集団づくり

思春期指導の実践編

1 思春期の子どもたちと向き合う!!
～「目標設定」と「傾聴」を手掛かりに～

1 思春期の指導において大切にしていること

　「４月から６年生の担任をお願いします」。年度の初めに管理職からそう伝えられると，妙に力が入りませんか？　「高学年で荒れると大変だって聞くけれど…」「思春期の子どもたちの心の揺れについていけるかな？」。そんな不安が次々と浮かんできませんか？　私は高学年の担任になると，いつもそんな不安で胸がいっぱいになります。

　その不安を細かく見ると，二つの種類の不安に分けられます。

　一つは「高学年で荒れると大変って聞くけれど…」という不安です。これは集団づくりへの不安と言えます。思春期の子どもたちは，集団から外れようとしてみたり，集団の中に自分の身を隠そうとしてみたりと，その時期特有の集団との距離の取り方があるように思います。これは子どもたちの心の揺れからきているのでしょう。子ども一人一人の考えを尊重しすぎると，集団としてはまとまりません。子どもたちの思いを大切にしながらも，集団の目標に向かって心を一つにしていく必要があります。

　もう一つは「思春期の子どもたちの心の揺れについていけるかな？」という不安です。思春期の子どもたちは，「我慢」することができます。しかし，その「我慢」は心の中でパンパンに膨らみ，大爆発を起こす…，そんな不安がよぎります。そのようにならないよう，日々のかかわりの中で心の中の「思い」を外に出さなければいけません。教師はそのために，「子どもたちの声に耳を傾ける」姿勢が必要でしょう。

> 思春期の子どもたちの指導に大切なこと
> ・集団の目標に向かって、心を一つにしていく
> ・子どもの声なき声に耳を傾ける

(1) 集団の目標に向かって、心を一つにしていくポイント

　多くの学級には、学級目標というものが掲げられ、それに向かって学級づくりがされていると思います。「学級目標はつくって、掲示したけれどそれっきり」という場合は、まず学級目標に向かって具体的に何を頑張るか、考えるところから始めるといいのではないでしょうか。*1

　この「具体的に」というのが、困る場合があります。というのも、子どもたちと相談しながら決めた学級目標が、具体的に行動目標を立てようとした時に、うまくいく場合とそうでない場合があるのです。私自身の経験から、学級目標には「結果の目標」と「過程の目標」があることに気が付きました。

　例えば「笑顔」という目標は、「結果の目標」です。何かを成し遂げた時、「笑顔」になるのであって、「笑顔」を使って、何かを成し遂げることはあまりありません。一方で「協力」という目標は、「過程の目標」です。友だちと協力することによって何かを成し遂げるのであって、何かに取り組んだ後、協力することはありません。もし「協力」が目的化してしまったら、それこそ本末転倒と言っていいかもしれません。まとめると以下のようになります。

過程の目標	どちらとも言える目標	結果の目標
けじめ　協力　努力　一生懸命　挨拶	元気　優しい　思いやり	楽しい　笑顔　友情　仲良し　いじめのない

　「過程の目標」で取り組む場合、それが何のためになるのか、どこに向かっているのかをはっきりさせる必要があります。特に思春期の男の子は、取り組んでいることの意味がはっきりわかると、取り組めるところがあります。

「努力が大切なのはわかるけれど,その努力を続けると,どんないいことがあるのかわからない」では,努力は続かないのです。

> 「過程の目標」で取り組む場合,それが何のためになるのか,どこに向かっているのかをはっきりさせる

　教師は子どもたちに,「今の行動は,○○につながっているね」「それを続けると○○な人になれるね」と行動するたびに伝えます。そうすることで,子どもたちは自分の行動の意味を少しずつ理解するようになっていきます。何より子どもは,教師に「期待」されることによって,成長しようと頑張れます。「過度の期待」はその子どもを苦しめますが,「ちょうどよい期待」はその子どものエネルギーになります。

　「結果の目標」で取り組む場合,何をすればいいのかを具体的にします。そしてそれは「どんな時でも」通用する具体的目標にしなければなりません。「僕は,学習発表会で友だちと笑顔になるために,挨拶を頑張ります。挨拶をして友だちと心がつながれば,学習発表会が成功すると思うからです」と発表した子どもがいるとします。発表している内容は筋が通っていますが,「学習発表会に向けて挨拶をする機会がどこまであるか」と考えた時,この目標は意味のないものとなります。具体的に考えてはいるのだけれど,「どんな時でも」通用するものではありません。もう一度,本人と考え直す必要があります。

> 「結果の目標」で取り組む場合,「どんな時でも通用する」具体的な目標を子どもと一緒に考える

(2) 子どもの声なき声に耳を傾ける

　子どもたちの思いに向き合うために,1対1でじっくり話を聞く機会を定期的に設けます。

> いつ：学期に１回程度（５月，９月，１月等）。中休みに一人７分間。
> どこで：教室の隅。２人で黒板に向かって机を並べ，着席する。
> どんな：普段頑張っていること，先生に伝えたいことなど。
> その他：事前に日程表を配布する。
> 　　　　面談以外の子どもは，教室にはいられない。
> 　　　　待っている子どもは，廊下に椅子を並べて座って待つ。

　子どもたちは意外にも，この面談を楽しみにします。担任の先生と特別の時間をもつことは，子どもにとってとてもうれしい時間なのです。子どもによっては「何を話していいのか」わからない子どももいます。そのような子どもには，あらかじめ話すことを伝えておくといいでしょう。子どもによっては自分から悩みを打ち明けようとする子もいます。一方で，黙ってばかりの子どもには，普段，教師としてその子どもをどう見ているのか，いいところや頑張ってほしいところを時間の許す限り伝えます。

　この面談をきっかけに，「あの心配ごとはどうなった？」「あの時の話はどうなったの？」と会話をすることに一番の意味があります。「先生は見ているよ」というメッセージを，日常会話の中で伝えやすくなります。何かあった時，「あの時の話だけれど」と相談しやすくなります。

> 面談は，その子どもに耳を傾けるきっかけづくり

(3) 二つのポイントを成立させるためにはきめ細かな言葉がけが大切！

　二つのポイントを成立させるために，必要なことがあります。それは「どこまできめ細かな言葉がけができるか」です。思春期の子どもたちは，表向きは平常心でも，「先生，私，大丈夫？」と不安に感じていたり，「先生に見ていてほしい」と承認してほしい気持ちになっていたりします。この気持ちに応えていくために，きめ細かに言葉がけを行っていきます。

　「きめ細かな言葉がけ」「子どもの思いに応える言葉がけ」と言うと，どう

しても力が入ります。よいことを言おうとすると，自然と力が入り，そしてその言葉がけが逆の効果を生むことも少なくありません。そんな時，私は赤坂真二氏が言っていた講座での言葉を大切にしています。

> **言葉がけは3秒ルールで行う**

この3秒ルールというのは，バスケットボールでの3秒ルールです。バスケットボールのルールでゴール下のある領域にオフェンス側は3秒以上いられないというものがあります。思春期の子どもたちに言葉がけする際も，言葉がけをしたら，3秒以内に立ち去るのです。

「これよく書けているね」「笑顔が素敵だね」「いつもありがとう」そんな言葉をさらっとかけ，その場から離れます。思春期の子どもたちは，ストレートにほめられるとどう表現していいかわからず，不適切な行動をとってしまう場合があります。そんな子どもたちにとって，担任の先生が言葉がけした後立ち去られた方が，その言葉の意味を受け止めることができるようです。そしてこれは周りの子どもたちにとっても効果的です。担任の先生が一人の子どもと長い間話をしている姿は，嫉妬の対象になります。友だちからの視線を気にして，先生の言葉を素直に受け取れない子どももいるのです。

思春期の具体的指導

> トシオ（6年・男）は，元気で明るく友だちが多くいました。7月頃から同じ学年や学級の友だちと遊ばず，放課後，中学生と一緒に遊ぶようになりました。夏休みが明け登校すると，耳にピアスをしています。ピアスについて聞くと，「自分でやった」と言います。

夏休みが明けると，思春期の子どもは急に様子が変わるようなことがあります。長い休みの間に，いろいろなことを考え，それを行動に移しているのでしょう。トシオの場合，それが外見に大きく出てしまいました。

(1) 状況を丁寧に聞くことから始める

　このような外見で登校した場合，教師は「とにかくやめさせなきゃ」と力が入ります。その子どものことを心配してのことですので，その思い自体は悪いことではないのですが，それがその子どもの存在そのものを否定する態度になってしまいます。思春期の子どもたちは，存在を否定されることに敏感です。まずは，１対１で面談をして，その子どもの思いに耳を傾けることから始めます。

　教師：「耳にピアスをしているけれど，それはどうしたのですか？」
　トシオ：「かっこいいなと思って，付けてきた」
　教師：「自分で耳に穴をあけたのですか？」
　トシオ：「そう」
　教師：「それは思い切ったことをしましたね。自分でやると化膿してしまう時があると聞くけれど，大丈夫ですか？」
　トシオ：「実は，ちょっと耳が痛い」

　派手な格好をしてきた場合，子どもたちの多くは，「自分を見てほしい」と思っています。子どもたちは，派手な格好をすることで自分の気持ちを表現しているのです。まず，その思いにしっかりと向き合っていきます。しかし，最初からその「気持ち」を聞こうと思っても，なかなか本音は聞けません。状況を丁寧に聞きながら，その子どもの「気持ち」を受け止めていきます。

> 状況を丁寧に聞くことが，子どもの気持ちを受け止めることにつながる

　その際注意しておきたいのは，格好について評価するようなコメントは避けた方がいいでしょう。「ピアスかっこいいね」という言葉をかけたら，それは「先生はピアスをしてきてもいいと思っている」というメッセージになります。一方で「そんなものを耳に付けて格好悪い」と言葉をかけたら，「先生は俺のすべてを否定している」と受け止めることになります。ここで大切なのは，本人のその時の気持ちをゆっくりと整理するところにあります。

第2章　思春期の子どもとつながる学級集団づくり　29

(2) いけないものはいけないと伝えることが目標づくりの第一歩
　　教師：「学校にピアスをしてきてどうでしたか？」
　トシオ：「別に。みんながすごい！って言ってくれた」
　　教師：「ちょっといい気分になれましたか？」
　トシオ：（うなずく）
　　教師：「学校にピアスをしてきていいと思いますか？」
　トシオ：「別にいいんじゃない」

　思春期の子どもたちは，「いけない」とわかっていても，その行為をしてしまいます。時には，「別に自分がピアスをしてきても，いいでしょ！」と開き直ってしまう場合もあります。そんな言葉を言っても，内心ではいけないことはわかっています。「学校にしてきてはいけない」「健康によくない」とわかっていながらも，「どうしてもやってみたい」という気持ちが強いのです。

　しかし，ピアスをしていることで，ピアスが気になって，学校で取り組む様々なことが疎かになっていくことは目に見えています。この場合，「学校に勉強に関係のないものは，持ってこない」という根本的な原則に従います。一番は日常生活において，「ピアスをやめさせる」ことですが，夏休み明けに学校にしてきている時点で，そこまで一気に指導することは難しいでしょう。「学校にしてきてはいけない」ということを，はっきりと伝えます。それに対しては，「じゃあ，Bさんはどうなの？」とか，「じゃあ，○○はいいの？」などという他の意見は聞きません。「学校に関係のないものは，持ってこない」という原則を伝え続けます。

　すぐに納得しないこともあると思います。まずは一番信頼している担任の先生が話をします。それでも，納得しない場合は，養護教諭やその他の先生と一緒に伝え続けます。保護者にもしっかりと連絡して，同じことを伝えてもらいます。多くの大人から「ダメなものはダメ」と伝えられることで，その子どもは自分を見つめます。自分を見つめながらどのような自分になりたいか，自分の目標を考えられるように促していくのです。

> 「ダメなものはダメ」と伝え続けていきながら，どのような自分になりたいか，自分の目標を考えられるようにする

(3) 子どもの本音から目標を設定する

教師：「ずっと気になっていたんだけれど，最近，同じ学年の友だちと遊んでいないよね？」
トシオ：「なんか同じ学年の友だちと話が合わないっていうか…」
教師：「そんな気持ちでいたんだね。学校ではどうしているの？」
トシオ：「なんとなく，話を合わせているかな」
教師：「勉強の方は，どう？」
トシオ：（黙る）
教師：「わからないところが多いよね」
トシオ：（うなずく）
教師：「勉強も先生と一緒に頑張っていこうね」

　その子どもと関係する先生と話をしたり，本人と話をしたりする中で，本人の「本音」の部分が見えてきます。トシオの場合，6年生になって勉強に全くついていけなくなり，そのことが自尊感情を傷つけていたようです。本人がポツリと「本音」を言えば，それをしっかりと受け止めながら聞くことが大切です。もしその子どもが「言葉にできない」場合は，こちらから言葉にして伝えてみることも大切です。その子どもにとって，自分でわかっていたけれどどうしようもない思いを表現してもらうことは，うれしいのです。

> 子どもの言葉にできない思いは，教師が表現する

　子どもの本音がわかれば目標設定もしやすく，取り組むことが明確になります。「勉強ができるようになりたい」は，結果の目標です。勉強ができるようになるための「過程」を明確にしておく必要があります。
　トシオの場合，算数で言えばわり算以外の四則計算は何とか理解していま

した。夏休み以降の算数の学習では、わり算を使う機会は少なかったので、授業では立式するところを学級全体で丁寧に行いながら、トシオの理解のつまずきと向き合いました。計算する時間になると、トシオは自分なりに学習に取り組む姿が見られました。その一方でわり算については、プリントを週末に渡し、保護者に家庭で取り組んでもらうようお願いしました。本人の頑張りもあり、卒業する前にはゆっくりとならわり算もできるようになりました。他の教科においても、つまずきやすいポイントを明確にし、「まずここから」と絞ることで、本人も少しずつ学習についていけるようになりました。

(4) 学級で取り組む

学習が苦手な子どもへの支援を行っても、結果はなかなか出ません。もしかしたら、小学校在学中に結果が出ないかもしれません。その間に、本人の自信はどんどん失われ、また元の状態に戻ってしまうこともあります。そうならないように、友だちや学校のために何かよいことをする活動を通して、「自分は何かの役に立っている」と実感できるようにしていきます。取り組みを通して「自分がどういう人になりたいか」具体的に目標をもって生活できるようになれば、多少うまくいかないことがあっても粘り強く頑張ることができるはずです。

トシオのクラスは「友情」が学級目標にあり、友情が深まるようにそれぞれが目標を立てました。トシオは友情が深まるためには「挨拶する力」が必要だと考え、毎朝、爽やかに挨拶することに取り組みました。私は挨拶するトシオを見ながら、「挨拶をしていると、相手の様子を観察するようになるから、人に優しくする力も付くね」「忙しかったり体調が悪かったりすると

挨拶してくれない人もいるけれど,それでも続けられる人は強い人だよね」と「挨拶の価値」について,さらっと声をかけ,立ち去るようにしました。

　また教師の言葉がけの他に,自分の取り組みに対して友だちがコメントをし,それをもとにふり返りをするようにしました。始めは上手に取り組めない子どもも,アドバイスをする時間を確保し,自分自身を見つめることで上手に取り組みを進めていくことができます。また思春期の子どもたちは,時として教師の言葉がけよりも,友だちの言葉がけを好みます。思春期の子どもたちにとって,友だちからのアドバイスをもらうことによって,「自分が認めてもらっている」と感じられ,安心して目標に向かって取り組むことができます。

　学習面,生活面で目標に向かって取り組めるようになったトシオは,学校にピアスをしてこなくなりました。教室でも会話や笑顔が増え,楽しそうに生活する姿が見られるようになりました。

3 思春期指導の極意

　私は自分自身の思いや願いを子どもによく語る「暑苦しい教師」です。「その思いや願いは,子どもたちにとってどうかな?」と考えてみた時,わかりにくかったり,人格そのものを否定していたりすることに気付きました。また小学校高学年の担任をしていると,「ここまではわかっているはずであろう」と思い込み,子どもたちの話を十分に聞けていないことにも気付きました。

　思春期の子どもたちは,一見大人びていますが,まだまだ子どもです。「しっかりと受け止めてほしい」「自分を見ていてほしい」と願っています。ご紹介した実践が,そんな子どもたちの気持ちに向き合うきっかけになってもらえればと願っています。

（松下　崇）

＊1　学級目標に即した目標設定とそのふり返りについては,赤坂真二編著『最高のチームを育てる学級目標　作成マニュアル＆活用アイデア』(明治図書,2015年)を参考にしていただきたい。

2 思春期の性差を意識した指導
～『信・敬・慕』の関係を築く～

1 思春期の指導において大切にしていること

(1) 思春期には性差を意識した指導を心がける

① 自分の少年時代・少女時代を想起し，男女の差を自覚する

まず，最初に心得ておくことは，教師の側は「少年時代」と「少女時代」のどちらか一方しか過ごしていないという事実です。

幼児向けのおもちゃコーナーやテレビ番組を見れば一目瞭然ですが，男の子用と女の子用では，仕様も内容も全く異なります。男の子が「○○レンジャー」や「○○ライダー」に変身して悪者と戦っている頃，女の子はおしゃれに興味をもち，「アイドル」になりきっているのです。そういう幼児期を過ごしてきた男子と女子の間には，どうしても大きな違いが生まれます。

これは本能的な面と，社会的につくられた面の両方がありますが，

> 思春期の子どもは，低学年に比べて男女差が大きいことをまず押さえます。

② 異性の子どもの理解には限界がある

教師の側ですが，小学校は，圧倒的に女性が多い傾向にあります。女性教師はいわゆるやんちゃな男子，男性教師は大人びた感じの女子の扱いに困ることが多いようです。冷静に考えると当たり前で，異性の人生の経験は自分

がしていないのだから，理解できないというのが真実でしょう。

　男性教師は，同性同士で手紙やプリクラのやりとりをしてきゃーきゃー言った経験は，多分ほとんどないでしょう。きらきらシールを集めて手帳にコレクションした人の絶対数も少ないかと思われます。

　女性教師の方は，やたら無意味に下品な言葉を連呼し続けて喜んでいたとか，戦いごっこがヒートアップして本気の殴り合いやつかみ合いになって泣くまでけんかして結局先生に怒られた，といった経験は少ないでしょう。

> 自分の子ども時代の経験しかないのだから，当然異性の理解は難しいと考えます。

　男子は「何で女子ってあんなに先生の言うこと聞くんだろう，アホらしい」と思っていたりします。

　女子は「何で男子ってあんなに怒られることするのかしら，バカみたい」と思っていたりします。

　この性差を認めていくことが，思春期の子ども理解の一助になります。

③　男子と女子，それぞれの前提

　基本的に，やんちゃな男子は「言うことをきかないもの」という前提があった方がいいように思います。いつも言うことをきかない男子に向かって，すごく長いお説教をしても，正直無駄です。聞いていないし，効いていません。道徳的な善悪では，あまり動かないことが多いです。逆に「かっこいいこと」には興味が強いことが多いので，そちらで動かしていきます。

　一方，大人びた感じの女子に対する前提というのは，基本的な接し方を大人の女性と同じと考えた方がうまくいきます。言葉にもちょっとした気配りが必要ですし，身体的にも変化が大きい時期だと考えると，男子以上に情緒が不安定でデリケートです。大人としての毅然とした態度で，つかず離れずの距離感で接するとちょうどいいように思います。一方，妙に媚びたような馴れ馴れしい接し方は，気持ち悪いととられて逆効果です。

また，思春期の女子の男性教師への品定めには痛烈なものがあります。一度嫌われると徹底的ですので，好かれることに力を入れるよりも，嫌われる要素を極力減らします。男性教師は，同僚の女性教師に学ぶのが一番近道かもしれません。

④ 異性の子どもとの関係が肝

子どもとの人間関係も，「押さえどころ」があります。異性の子どもとの人間関係です。特に，男性教師は，思春期の女子との人間関係がこじれると，その後の学級運営が地獄と化すようです。

> 男性教師の有効な作戦の一つが「遊びのレディーファースト」です。

では，男性教師は女子との関係をどう押さえていけばいいでしょうか。

「男子対女子」で一緒に遊ぶ時，教師は女子の側に入ります。味方する理由は明確で，高学年においての全国の体力平均が男子の方が高いためです（柔軟性のみ，女子が上回っています）。もちろん，個人比較で見れば逆の場合も多々ありますが，平均値で見れば男子集団が優位なのは事実です。

そこで，担任は力の差を埋めるべく，女子側につきます。そうすると，女子は頼ってくれるし，男子は強敵ができるので喜んでくれることが多いのです。ドッジボールや鬼ごっこなどはその典型です（男子は剛速球を受け止めることなど，強敵に立ち向かうことにスリルや喜びを感じる子どもが多い傾向にあります）。

> 一番反抗されるのが「長いお説教」と，関連して「細かい口出し」です。

逆に，女性教師が男子との関係を押さえる時のポイントは何でしょうか。

思春期に限らずですが，男子は女子に比べて，大人しくきちんとしているのが苦手な子どもが多いです。一方，「活動的」というよい特性もあります。

この特性が，長いお説教や細かい口出しと最悪の相性なのです。きちんとさせたい，聞かせたい女性教師と，思い通りに動き回りたい，ちょっと世の中に反抗したい男子。これでは，折り合いがつきません。

　ここは「さばさば」と対応するのが，良好な関係につながりやすいようです。悪いことがあったら，びしっと「ダメ」。ダラダラ長く言わない分，やったら何度でも言う（そこは逆にしつこいぐらいでよいでしょう）。よいことをしたらさらりと「いいね」。日常では，あまりウエットな関係を求めていないと割り切ると，うまくいくことが多いようです。そして，本質的には甘えん坊なので，必要に応じて甘えさせてあげます。「さっぱりしたお母さん」のイメージでいくと，ちょうどいいかもしれません。

⑤　同性の子どもとの関係を押さえる
　異性の子どもとの関係の方がもつれやすく，先に押さえるのが肝ですが，同性の子どもとの関係づくりも，もちろん大切です。
　同性は，親子関係でもそうですが，何かと「勝負」になりやすく，自分との比較対象になりやすいです。ですから，そこを意識するとよいでしょう。
　男子は「ガキ大将」不在の時代ですので，これを意識するといいかもしれません。遊びや運動で，ぐいぐい引っ張ります。また，いざという時は一番強い存在であることを自覚し，弱いものいじめなどの必要な場面では，毅然とした対応ができることで，信頼を得やすくなります。
　女子は，同性ではそれほどこじれることが多くないように見受けられます。ただ子どもは同性として見ていますので，きちんとした身なりをしている，笑顔で明るい，言葉遣いやふるまいが上品，さっぱりしているなどの，大人の女性同士でも好感をもたれる要素を意識すると，間違いが少ないようです。
　そして何より，テレビの芸能人ネタや恋愛話などおしゃべりが大好きな子どもが多いですから，そこに付き合うことで関係性を深めるのも手です。

(2) 子どもとの良好な関係を築くために『信・敬・慕』を意識

① 「友だち先生」で失敗してしまう訳は？

いろいろなタイプの教師がいてよいと思いますが，思春期の子どもとのつながり方の一つに「友だち先生」というのがあります。読んで字の如く，子どもと友だちのような関係の先生です。子どもにとっては親しみやすく，子どもからの人気や支持が得やすい関係でもあります。

親しみやすい一方で，この関係を築くことによって，指導が通らなくなることがあります。特に，思春期の子どもと年齢の近い，若い教師がよく陥る失敗です。理由は明白です。

> 「友だち先生」は「横の関係」であり，「縦の関係」ではないからです。

つまり，立場の上下関係がない以上，「指導する，される」の関係ではなくなります。結果，肝心な時にも指導が通らず，崩壊していくことがあります。

横のつながりをもちつつ，指導を通すには，一目置かれる必要があります。「畏敬」とは，「尊敬し，畏れてもいる」という状態です。この状態が，最も指導がよく通ります。

幼い子どもたちならば，それほど意識せずとも，親や先生の言うことだからと無条件で聞くかもしれません。しかし，思春期の子どもたちは別です。出会った最初の頃からかなり鋭く品定めをし，ジャッジしています。大人の言うことなら無条件に聞く時期ではないと考えます。

では，「この人の言うことなら聞こう」と一目置かれるような望ましい関係づくりのために，何をどうしたらいいのでしょうか？

② ポイントは『信・敬・慕』のバランス

国語の大家である野口芳宏氏の言葉に「教育の成立条件は『信・敬・慕』」というものがあります。つまり，

> 教師との関係に「信頼」「尊敬」「思慕」の三つがバランスよくあること

が望ましいと考えます。これが，望ましい関係づくりのポイントです。

この三つは単独で存在するのではなく相互関係があり，どれも欠けることなく必要です。

「慕っているが，信頼も尊敬もしていない」となると，並列またはそれ以下の関係です。一方で「信頼も尊敬もしているが，慕えない」となると，上に見られすぎていて，近寄り難い遠い存在という関係になります。

では，それぞれをバランスよく手に入れるには，どうすればいいのでしょう。実は，それぞれに押さえるべきポイントがあります。

③ 『信・敬・慕』は『生活・授業・遊び』で育つ

『信・敬・慕』は，それぞれ連動して育つ一方で，特に効果的な活動があります。

『信』という字は，分解すると，「人」+「言」です。つまり，言っていることとその人自身が一致している状態です。言行一致です。特に思春期の子どもは「立派なことを言っているが，先生はできていない」ということを見抜きます。普段の生活でしている，何気ない口約束やルールなどを教師自身が守っているかが問われます。いじめから守ってくれるというようなことも大切です。逆に，その辺りができているだけで，ある程度信頼が得られます。

『敬』は，「すごい」と思われることで得られます。単純に考えて，能力が上であれば，その点においての尊敬はされます。「自分にはできないけれど，この人にはできる」ということです。これは，授業で感じられます。つまり**「よくわかる授業」や「楽しい授業」によって，能力を伸ばしてくれること**が条件です。教師の高い専門的知識や技能が，ここで役に立ちます。

『慕』は，親しみをもたれることで得られます。具体的には，遊びや会話です。**休み時間には，存分に遊んだりおしゃべりを楽しんだりして，関係性を築いていきます**（一昔前には放課後や休日に一緒に何かをして仲良くなることも多かったようですが，時代の流れで現在では難しいでしょう）。悩み

を聞いたり相談に乗ったりすることも効果的です。ここは，特に若い教師ほど得意なことが多いので，苦労することは少ないかと思われます。

これらのことの大切さは思春期の子どもに限ったことではないのですが，関係性を築くための重要ポイントです。では，具体的にどのようにしていくのか，次項で指導の実際を挙げていきます。

2 思春期の具体的指導

(1) まずは男女を混ぜる　グループを混ぜる

では，実際に担任した5年生の学級を例に挙げます。5年生32名。男子と女子が半々のクラスです。次の前提をもって指導にあたりました。

> 思春期の子どもたちは，低学年に比べ，異質を強く意識し，混ざらない。

実際，友だち関係も女子を中心に固定グループがつくられていました。互いに同調行動を促し，グループ内の子ども同士は，服装の系統がそっくりで，同じキャラクターものを持っているので，すぐわかります。4年生までにいじめもあったようです。この，異質を排除し，自分自身が異質になることも怖れる意識は，思春期の子どもの特徴の一つです。用もなくトイレに一緒に行きたがるのもこの意識の延長です（正確には，一緒に行くというより，強い立場の子どもが弱い立場の子どもを「連行」していきます）。

この意識を壊すのは，担任教師の仕事です。なるべく，いろいろな子どもが混ざるようにし，極力グループが固定しないようにしました。

例えば，体育の時間。思春期の男女は，放っておけば水と油のように混ざりません。そこで，4月の体育では「馬鬼」というゲームをしました。呼んで字の如く，馬跳び鬼ごっこです。鬼ごっこで，鬼に捕まったら馬跳びの「馬」になります。仲間に跳んでもらえたら，復活です。

普通にやっていると，男子は男子，女子は女子しか助けません。ここで「男子は女子，女子は男子しか助けられない」という特殊ルールを設定しま

した（なお，普通ルールの時点で，異性を助けている男子や女子がいたら，それを称賛して広げていくという方法もあります）。この時点で，ゲームと割り切って，男女で助け合う姿が見られ始めました。

　クラスの座席では男女が隣になるようにし，授業中は常に隣同士や班内で助け合い，触れ合う機会をつくりました。席替えも特別な事情がある子ども以外は，基本はくじ引きで行っていきました。そうすることで様々な子どもとのコミュニケーションがとれ，少しずつ壁がなくなっていったようでした。

(2) 思春期の陰湿ないじめと向き合う

　この学年にも，いじめが多くあり，担任したクラスにも前年度の関係を引きずっている子どもがいました。

　いじめられていたのは，明子さん（小学5年女子）です。話を聞くと，前年度どころではなく，もう2年生の頃からずっとのようでした。特定の子どもに強くいじめられるというより，みんなから意識的に避けられている様子です。親御さんも仲間外れにされやすいことを知っており，胸を痛めていました。明子さんは，友だちとのコミュニケーションが苦手でした。いわゆる「空気を読めない言動」が目立つ子どもで，周りから浮いています。

> 学級開き初日，「いじめられている人を全力で守る」という宣言をしました。

　引き継ぎの時点でいじめがあったことを知った私は，先手を打ちました。
　誰にとっても居心地のよいクラスをつくっていこう，いじめが起きないクラスより，いじめが起きたらみんなで解決できるクラスにしていこうと呼びかけました。心当たりがあって目が泳いでしまう子どももいる中，明子さんは，誰よりも真剣に聞いていました。

　あとは，有言実行あるのみです。言行不一致は最も『信』を失います。まずは休み時間に子どもたちと外で一緒に遊ぶことで，明子さんと他の子どもをつなげるようにしました。また，授業中や休み時間には「聞き耳アンテナ」を立て，仲間に対する冷やかしととれる言動などは，「今の発言はどう

いう意味で言ったのかな？」と注意するようにしました。

　最初の頃には多くあった明子さんに対する冷やかしも，影を潜めていったようでした。ただ，本人自身が変わったわけではないので，周りが気を遣ってくれるようになったというのが実情です。それでも，明子さん自身は「5年生になって，学校が楽しくなった」と言っており，親御さんからも同じようなことを伺いました。

　1学期の半ばには学級から目立ついじめ行為はなくなり，これで一安心と胸をなでおろしていました。

(3) 思春期の子どもの自主性を尊重し，主体的に動けるイベントを

　できることの増える思春期の子どもへは，より自主性を尊重していきたいところです。クラスの子どもたちには，1年間，学級会の時間を任せていました。「自分たちの時間」という枠組みです。自分たちで議題を出し合って話し合いをしたり，レクをしたりする時間でした（当時「クラス会議」という手法は知りませんでしたが，近いものがあったように思います）。

> ルールでも目標でも行事への取り組み方でも「自分たちで決めた」が大切です。

　この「話し合って自分たちで決めた」というのと「先生が言うからやった」というのとでは，モチベーションに雲泥の差が出ます。どうしていいかわからない低学年の頃なら，先生が言うからやるというのはあり得ますが，思春期の子どもたちは違います。指示や命令でなく「自分たちで決めたからやる」のです。ちなみにこれは4月の学級目標の設定時から継続してきたことです。

　その中で，1月の学級会で「3月にお別れ解散パーティーをしよう」という企画が出ました。せっかくだから，何か目標を決めて，それを達成して開こうということになりました。校内縄跳び大会や学年スポーツ大会があったので，そこできちっと優勝して気持ちよく行おうということです。この中で

大縄（20mから25m程度の長さの縄を20人以上で一斉に跳び続ける運動）の取り組みがあったのですが，自分たちで話し合って目標回数も練習時間も決めました。教師としてはあれこれ口出ししたいところもありましたが，ぐっと我慢して見守りました。時に練習に身が入らない時もありました。そんな時は，「自分たちでやると決めたのでは？」と投げかけることで，また体勢を立て直すことができました。これも「自分たちで決めた」という過程があるおかげです。

　結局，目標を設定したことで一致団結し，見事どちらもW優勝。その後のお別れ解散パーティーも，大成功でした。そして終業式の日は，涙と笑顔でさよならができました。

(4) 天国から地獄へ　思春期の子どもは「隠す」　教師は見えない

　私の勤務校は，毎年クラスが解散して再編制されることになっていました。私自身は5年生から6年生への持ち上がりでしたが，受け持つ子どもたちが変わります。5年生でいじめや仲間外れがなくなった明子さんは，他の担任のクラスになりました。私は，すっかり安心していました。いじめのない，いきいきとしたよい学級経営ができるようになったと，慢心していました。

　4月。6年生の新担任は，体育の時間のグループづくりの際に明子さんが孤立していたことをきっかけに，周りの子どもへのヒアリングをしました。すると，明子さんは5年生で一緒のクラスだった女の子たちに，陰でいじめられ続けていたことがわかったのです。次のことも衝撃でした。

　いじめの中心人物は，成績優秀，運動神経も抜群の，クラスの人気者でした。

　信子さんという女の子でした。信子さんの親御さんも「うちの子は優しすぎて。いつも立場の弱い子どもを気にかけているんですよ」と言っているような子どもでした。つまり，大人の前で裏表を非常に上手に使い分けられる子どもだったのです。私は，それを見抜けませんでした（ちなみに，この信子さんに限らず，クラスのいわゆる「優秀」な子どもは，意外と不満を抱え

ていることが多いです。気を付けてよく見る必要があります)。
　明子さんの新担任は，クラス全員での話し合いを行い，私のクラスにいた子どもたちに対し，「そんなクラスは，絶対に認めない」と厳しく糾弾しました。そのことを，私に直接伝えてきました。
　この出来事は衝撃でした。学級経営の根幹が揺らぎました。1年間，うまくいっていたと思っていたすべての出来事が，嘘だったのではないかと思えてきました。思い出す子どもたちの笑顔が，歪んでいきます。その後，5年生で担任していたどの子どもに会っても，疑心暗鬼が消えませんでした。明子さんは結局，6年生でも，周りとうまくはいかなかったようですが，中学校に行って部活動に打ち込み，居場所を見つけたようです。
　明子さんは，その後も毎年必ず連絡をくれました。その際，ご家族からも感謝の言葉が添えられた葉書が届きます。そのたび，うれしさと同時に胸がちくりと痛みます。「ごめんね」という思いは，おそらく一生消えません。過去は取り戻せないのです。しかし，この経験のおかげで，視点が大きく転換しました。

> 「自分は子どものことが結構見えている」「なかなかの力量だ」などと慢心した時は，すでに相当な転落が始まっています。

　自信が過信に変わった時，目は曇り，腕は錆び付き始めます。「井の中の蛙」であること自体がわからなくなっています。
　まさに哲人ソクラテスの言う「無知の知」です。「子どものことが見えていない。自分は無知である」ということを知っていれば，自ずと知るための手立てが打てます。
　思春期の子どもは，隠します。いじめている側はもちろん，いじめられている側も，隠すのです。「先生，私もう大丈夫だよ」と，笑顔で嘘をつくことがあります。親や担任の先生に心配や迷惑をかけたくない一心で，逆に隠すことがあると知りました。私の曇った目には，それが見えていなかったのです。

(5) 同じ轍を踏まないために　子どもを観る視点を増やす

　この反省を踏まえ，6年生では徹底的にあらゆる手段で調査をしました。

　基本は，日常の観察ですが，例えば私はいつも休み時間に中に入って一緒に遊んでいました。これは人間関係が深まる分，見える部分は狭くなります。場合によっては外からの観察の方が，よく見えることがあるとわかり，あえて遊ばないで観察する日をつくりました。

　次は，休み時間調査です。

　昼休み，「誰と」「どこで」「何をした」という簡単な調査を全員に1週間程度続けて行いました。子どもたちへは「みんなの遊びを知りたい」といった理由をつけました。ここで，「一人で教室にいて読書をしていた」が続いた子どもには，個別に声をかけました。

　さらに，個別のアンケートです。これは人間関係やいじめの調査です。今ではどの学校も必ずやることになっていますが，当時は任意でした。「Q-U」などの専門の調査もありますので，こちらを利用する手もあります。

　あとは，周りの情報です。

　クラスには，必ず心配してくれている心優しい子どもがいます。そういった子がそっと教えてくれることがありました。

　また，保護者は貴重な情報源です。ちょっとしたことで連絡をとったり家庭訪問をしたりというつながりが普段からあったことで，事前に情報をつかめたことがありました。

　そして何より，困ったことがあった時に，本人に打ち明けてもらえるようにしたいと思いました。思春期の子どもたちとつながれる教師でありたい。

　そのためには，『信・敬・慕』すべてがバランスよく揃った教師であることが求められます。未だ届かない境地ですが，いつまでも追い求めていきたいと願いながら，今日も私は教室で，子どもたちの前に立っています。

（松尾　英明）

【参考・引用文献】
＊野口芳宏『教師が伸びるための　野口芳宏　師道』さくら社，2011

3 高学年女子の指導 こうすれば失敗する！

1 思春期の指導において大切にしていること〜こうすれば失敗する〜

　ここ数年，私のクラスでは女子が活躍しています。クラスをよい方向に引っ張っていってくれています。

　運動会では応援団長になって全校の前で声を張り上げたり，お楽しみ会ではコントをしてみんなを笑わせたり，指導が難しいと言われる，いわゆる高学年女子らしからぬ行動をする女子になります。彼女たちは，クラスや全校の前で思う存分自分を出しています。

　しかし，かつての私のクラスでは違いました。いわゆる高学年女子らしい特徴を出していました。

- ・グループ化する。
- ・狭い人間関係の中に閉じこもる。
- ・みんなの前では小さな声しか出さない。
- ・無表情，陰で意地悪をする。
- ・教師を避ける…。

などなど。

　とにかく女子は扱いにくい存在でした。

　今の私の指導と若い頃の私の指導では，何が違うのでしょうか？

　ふり返ってみると，若い頃の私は「それをしちゃあいけないでしょう」ということをあえてやってしまっているようでした。今思えば，地雷原の中で，あえて地雷を狙って踏んで歩いているようでした。

　成功する方法はたくさんありますが，失敗する方法は限られています。

その失敗する方法を避けることで、成功することができるのではないかと考えています。そこで、高学年女子の指導において、私自身の体験を通して、どのようにすれば失敗するのかを考えます。そして、その失敗を回避するというやり方で、高学年の女子を輝かせる方法を考えようというのが本稿の提案です。

高学年の女子の指導　失敗する五つの方法
　私が高学年女子の指導で失敗してきた方法は次の五つです。

①恥をかかせる
②言っていることとやっていることが違う
③コミュニケーションをとる努力をしない
④価値を考えさせないでとにかくやらせる
⑤100%教師の思い通りにしようとする

　どれも当たり前に思われることかもしれません。
　しかし、苦しんでいた頃の私は、これらをやってしまっていたのです。やってしまっていたが故に、苦しむ結果となったのです。
　それでは、一つ一つ考えていきます。

2　思春期の具体的指導～私の失敗談から見る成功への道筋～

(1)　恥をかかせる
　①　失敗談「トイレに流されちゃったかと思ったよ」
「先生、かなが学校に行きたくないと言って泣いています」
　かなさん（小5女子）は、明るく元気な女の子でした。女子のリーダーで、みんなのまとめ役でした。
　事の発端は、かなさんが授業中、トイレに行った時のことでした。
　休み時間にきちんとトイレに行かないで、授業中に行ったことについて、

私は担任として，指導しなければならないと思いました。でも，直球で指導するのも気まずいと思い，トイレから帰ってきたかなさんにユーモアのつもりで次のように言いました。
　「あんまり遅いから心配したよ。トイレに流されちゃったかと思ったよ」
　教室は，「そんなわけないでしょう」と大爆笑でした。自分でも面白いことを言えた上に授業中にトイレに行ったことに対して軽く触れられたことに満足していました。この時はこれが地雷を踏んだことになったとは気付いていませんでした。
　次の日の朝，お母さんから電話がありました。
　かなさんが学校へ行きたくないと言って泣いているそうです。
　話を聞いてみると，かなさんは学校の帰り道に男子数人から「トイレに流されちゃだめだよ」「トイレのにおいがする」などとからかわれたそうです。「先生があんなことを言うからだ」と怒り，布団をかぶって泣いていたそうです。
　家でお母さんが説得してくれ，1時間目の終わりに学校に連れて来てくれました。私は自分の軽率な発言でかなさんを傷つけてしまったことを謝りました。
　しかし，ここからが大変でした。かなさんの私に対するいじめのような行動が始まったのです。

・私が触ったものは汚いもののように，手で払って，さらに指先だけでつまむようにして持つ。
・私を避ける。私の半径3ｍ以内には近づかない。
・私が何か失敗をすると，「先生，私たちに謝ってください」などと発言する。

　そもそも事の発端は私の軽率な発言からだったのです。悪いのは自分だということで，これらの行動に対して，私は何も指導をしませんでした。すると，行動はどんどんエスカレートしていきました。さらにこれらの行動は他の女子にまで広がっていきました。かなさんには他の子に対する影響力があ

ったのです。
　他の子が同じような行動をし出した時に、「これはまずい」と気付きました。
　そして、本人と直接話をしました。
　「確かに先生が悪かった。しかし、あなたが今やっていることはいじめと同じです。やめなさい」と話しました。その後、お母さんを呼び、3人で面談をしました。私に対する不満を言ってもらいました。いろいろと不満がありましたが、一番大きかったのは、やはり、「トイレに流されちゃった」発言でした。この言葉が尾を引いていたのです。
　この面談以降、お母さんの説得もあり、少しずつ私とかなさんとの関係はよくなっていきました。しかし、関係を修復するのには本当に時間がかかりました。最初の失敗の影響が大きかったのです。

② 失敗を回避するために
　高学年女子の指導で大切なことの第一は、次のことです。

恥をかかせない

　みんなの前でいじられて「おいしい」と感じる高学年女子はあまりいません。高学年なので、体は大きくなっていますが、心の中はとても繊細なのです。「この子なら大丈夫だろう」と思い、不用意な発言をしてしまうことは、あまりにリスクが高いです。ましてや、この失敗事例では、トイレのことを話題にしています。授業中にトイレに行くことは、本人も嫌だったはずなのに、そのことを若い男性の私からみんなの前で言われたのです。「恥をかかされた」としか思えません。本当に、軽率な発言でした。
　高学年女子には、恥をかかせないようにすることが大切です。

(2) 言っていることとやっていることが違う
　① 失敗談「子どもにやらせていることを自分はやろうともしなかった」
　朝の会での「先生の話」コーナーで，私は子どもたちの姿勢について，次のような話をしました。
　「『姿勢』は『姿』に『勢い』と書くんだよ。姿勢がよいということは，それだけ姿に勢いがあってエネルギーが高いということ。みんな，いい姿勢を心がけようね。背もたれは『背休め』と言って，疲れた時に使う物。基本的には，背もたれを使わないで座るんだよ」
　セミナーで教わってきた話を得意げにそのまま子どもたちに話しました。
　ところが，この話をしている私は，普段姿勢が悪い上に，背もたれも使っていました。子どもたちはその時には「なるほど」という顔で聞いていました。その日の間しばらくは姿勢をよくしようと心がけていましたが，翌日にはすぐに元に戻っていました。言っている本人が姿勢をよくしようとしていないので，子どもたちがやる気にならないのは当然です。
　このことに象徴されるように，私は子どもたちに言っていることと，自分がやっていることに大きな違いがあって，それに気付きもしませんでした。
　「なんで子どもたちは私の言うことを聞いてくれないのだろう？」
　「指示の仕方が悪いのかな？」
　「一度に多くのことを言ってしまうからいけないんだ」
　「もっと身振り手振りをつけて話せばいいのかな」
　技術にばかり目がいっていた私には気付きませんでした。
　そもそも私の言うことを聞く気がないということに。
　「教室は間違うところだ。どんどん自分を出そう。恥をかいたっていいんだよ」などと話しても，特に女子は自分を出そうとはしませんでした。
　なぜなら，この言葉を言っている私が，一番失敗を恐れていたし，自分を出していなかったし，恥をかきたくなくて，いいところばかり見せようとしていたからです。
　しかし，当時の私は，問題を自分の中に求めることもなく，高学年女子と

いうのは，みんなの前で自分を出さないものだと決めつけ，あきらめていました。

② 失敗を回避するために
何を言われるのかも大事ですが，誰に言われるのかも大事なのです。

> 子どもに言っていることは，自分もやる努力をする

率先垂範してやっている教師の言葉だから，響くのです。
口だけでは通用しません。
本当に大切で，子どもにやってもらいたいことは自分がやってみようとすることが大切です。やってみると，大変だとわかります。子どもの気持ちがわかります。かける言葉が変わってきます。やっている教師の言葉だからこそ，子どもたちは聞いてくれるのです。
子どもたちによい姿勢でいてもらいたいのなら，まずは自分がやってみましょう。できなくても，頑張っている姿を見せましょう。「先生も頑張っているけど，なかなかできないんだよね」と話せばよいのです。
子どもたちに恥ずかしがらずに自分をどんどん出してほしいのなら，教師がどんどん自分を出しましょう。失敗しましょう。「ごめんね」と謝りましょう。
高学年女子は先生の様子をよく見ています。言っていることとやっていることを一致させるようにしましょう。せめて努力している姿は見せましょう。

(3) コミュニケーションをとる努力をしない
① 失敗談「寄って来ないし，無理に行っても嫌われるだけかな」
「寄って来ないし，無理に行っても嫌われるだけかな」
クラスの女子（6年生）が全然寄ってきてくれない年がありました。
最初のうちは，私も，女子の遊びに入れてもらったり，話の中に入ってみたりと努力をしていました。しかし，いつまでもよそよそしいままだったの

で，だんだんと疲れてきてしまいました。そして，当時，男子は「先生！先生！」と寄って来てくれていました。いつの間にか自分のところに寄ってきてくれる男子とばかり，一緒に遊ぶようになってしまいました。

　2学期の後半のことです。数人の女子が，保健室に頻繁に通うようになりました。女子の中の人間関係のことで悩んでいたようです。担任の私には相談ができませんでした。養護の先生から，「担任の先生は，男子とばかり遊んでいて，私たちを見てくれない。相談する気にならない」と彼女たちが話していると聞かされました。

② 失敗を回避するために
　寄って来てくれないから，コミュニケーションをとる努力をやめるのではなく，寄って来てくれないからこそ，あの手この手を使ってコミュニケーションをとる努力をしなければならないのです。
　この時，養護の先生に言われて，私ははっとしました。コミュニケーションをとる努力をしていなかったのです。
　彼女たちとコミュニケーションをとるために，何ができるか考えました。
　思いついたのが日記でした。日記なら直接話せなくても，文字を通してやりとりすることができます。
　始めてみると，彼女たちは，自分たちの思いを書いて，教えてくれるようになりました。授業の感想や，家族の話，悩んでいることなどいろいろと書いてくれるようになりました。
「こんなふうに考えていたんだ」
「無表情に見えるけど，こんな思いがあったんだ」
　目から鱗が落ちるようでした。彼女たちに対する見方が変わりました。それまでは，会話ができなければ，1対1のコミュニケーションはほぼ0の状態でした。しかし，日記を始めたことにより，会話ができなくても毎日コミュニケーションがとれるようになりました。本当は，私とコミュニケーションをとりたいと思っていながら，一緒に遊んだり，みんなの前で話をするの

は何か恥ずかしいという思いがあったようです。
　失敗を回避するために，次のことが大切です。

> コミュニケーションをとる努力を怠らない

　今では，日記の他にも，1日1回は私のところにノートを見せに来る時間をつくって，おしゃべりをするようにしていることや，給食の時間に各班を回って一緒に食べること，学期に1度の子どもとの1対1の面談をするなど，コミュニケーションをとるようにしています。
　そして，普段のおしゃべり，一緒に体を動かして遊ぶことを何より大切にしています。

(4)　価値を考えさせないでとにかくやらせる
　①　失敗談「何のためにやるのかは考えずとりあえずやらせる」
「さあ，リレー大会に向けて頑張ろう」
　M小学校では，毎年5月にリレー大会がありました。
　クラスの全員が走ります。校庭半周ずつをみんなでバトンをつないで走るのです。学年ごとのクラス対抗で行います。これは学校行事として毎年行われていました。
　ななみさん（小6女子）はこのリレー大会が嫌いでした。なぜなら，自分は足が遅いからです。その上，去年は自分が抜かれてクラスが負けてしまったのです。その後に，友だちから責められてとても嫌な気持ちになったのです。今年も同じようになるのではないかと心配でした。
　そんなななみさんの心配をよそに，クラスの多くの人たちは足が速い人を中心に張り切っています。担任の教師も「優勝目指して頑張ろう！」とやたらと張り切っています。
　しかし，全員が張り切っているというわけではなく，ななみさんと同じように足が速くない人たちは，消極的でした。
　ななみさんは，練習をしても，足が遅いのは変わらず，自分がいてはみん

なに迷惑をかけると思いました。そこで，リレー大会の本番，ななみさんは学校を休んでしまいました。

　ななみさんが休んだリレー大会。なんと，クラスは優勝しました。自分が休んだから優勝できたので行かなくてよかったと思うのと同時に，さびしい気持ちになりました。自分なんてクラスにいない方がいいんじゃないかと思うようになりました。

　この出来事がななみさんが学校を頻繁に休むきっかけになりました。
　リレー大会の時にこのような思いを抱えていたことは，しばらく経ってからわかりました。

　② 失敗を回避するために
　目の前の行事が何のためにあるのかを考えないで，「やると決まっているからやる」のでは，うまくいきません。高学年になるにつれて，その傾向は強くなってきます。その行事に何の価値があるのか，それがわからなければやる気になりません。
　この事例のリレー大会のように，「優勝目指して頑張ろう！」だけでは，うまくいきません。結果，「優勝できればうれしい。負けたら悔しい」だけで終わってしまいます。
　失敗を回避するためには次のことが大切です。

価値を考えさせる

　クラス対抗のリレー大会の価値は何でしょうか？
　何のためにリレー大会をするのでしょうか？
　もちろん体育的行事なので，走力，体力の向上をねらいとしていますが，それだけではありません。
　1本のバトンをクラス全員でつないで走ることで，クラスの団結を強くするために，このリレー大会は行われるのです。

足が速い人も，遅い人も自分の精一杯の力を出して頑張ります。仲間を信じてバトンをつなぎます。頑張っている仲間を全力で応援します。そして，失敗した友だちがいたら励まします。喜びや悔しさを共有します。そんな体験をするためにリレー大会をするのです。そこに価値があるのです。
　この価値を共有しないでやると，勝った負けただけの話になってしまいます。足が速い子は調子に乗り，足が遅い子は肩身の狭い思いをすることになります。
　リレー大会をやった結果，クラスの仲が悪くなってしまうのではやる意味がありません。そうならないために，価値を考える必要があるのです。
　行事に限らず，教育活動一つ一つの価値を教師がまずは考えることです。その上で，子どもたちに考えさせる必要があります。
　そもそも学校には何のために来るのか？
　授業の開始の挨拶は何のためにするのか？
　全校集会には何のために参加するのか？
　こういったことの答えを教師がきちんともっていること。その上で子どもたちに考えさせること，クラスみんなでその価値を共有していることが必要です。

　そして，日常の子どもたちの行為は，言葉によって価値付けていきます。
　例えば，自分のごみを捨てに行くついでに，友だちのごみも捨ててあげている子がいた場合，「『プラス１』発想だね」と話し，価値付けます。
　例えば，よいことをしている子がいて，それが周りの友だちに広まっていった場合，「『一人から始まる』だね」と話し，価値付けます。
　子どもたちがこのような言葉を知っていると，自分や友だちの行動をその言葉によって，自分で価値付けることができるようになります。

子どもたちの行為を言葉によって価値付ける

　そのためには，教師は子どもたちの行為を価値付ける豊かな言葉をもつ必

要があります。

(5) 100%教師の思い通りにしようとする

① 失敗談「それまでの子どもたちのやり方を無視，教師のやり方でやる」

新しく赴任した学校で5年生を担任することになりました。

それまでの学校でやってきたこととは違うことが多く，戸惑うことが多かったです。

担任になった子どもたちが今までにやってきた学習や生活のシステムは，私の目から見ると，効率が悪いものがほとんどでした。

担任して4月のすぐの段階で，私が今までやってきたやり方で子どもたちを指導するようにしました。それまで子どもたちがやってきたという方法は一切取り上げずに，すべて教師のやり方で通した形になりました。

すぐに適応できる子もいましたが，そうではなくて戸惑ってしまう子もいました。また，今まで自分たちがやってきたことを否定されたような気分になり，私に対して反発する子も出てきました。

② 失敗を回避するために

高学年になってくると，それまで自分たちがやってきたことに対して多少なりともプライドをもっています。それを他所から来た人に「これはだめ。あれもだめ」と頭ごなしに言われたのでは，子どもたちは心を閉ざしてしまいます。

だからこそ，次のことが大切です。

> **それまでのやり方を尊重する**

まずは子どもたちが今までやっていたやり方を聞きます。変える必要があれば，「それもとてもいい方法なんだけどね，高学年になったからちょっとレベルの高い方法に切り替えようと思うんだ」などと話します。それまでの子どもたちがやってきたことを無下に扱ってはいけません。

100%教師の思い通りにしようと思わないことです。
　特に生活指導に関しては，教師からの一方的な指導は，高学年女子には響かないことが多いです。
　自分たちの力で解決できるように話し合わせるのです。
　そのために，日常的に子どもたちが，自分たちのことについて話し合う場を設けることが大切です。

> 子どもを信じて任せる

　子どもを信じて任せてみると，教師が思ってもいないような解決策を考えて問題を解決したり，楽しいイベントを考えて実行したりするようになります。子どもたちが生き生きと輝き出します。

思春期指導の極意

「高学年女子は扱いづらい」などと決めつけないことが大切です。

①恥をかかせない
②言っていることとやっていることを一致させる努力をする
③あらゆる手段を使ってコミュニケーションをとる努力をする
④価値を考えさせる
⑤100%教師の思い通りにしようとしない。信じて任せる

　私がしてきた失敗が多くの先生方のお役に立てれば幸いです。

（飯村　友和）

4 クッションでやわらかにつながる

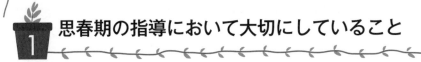

1 思春期の指導において大切にしていること

(1) 学校を異動すればスタートはマイナスから

　これまで担任してきた中で，一番きつかった年を挙げるとすれば，それは学校を異動した年に６年生を担任した時です。先輩の先生から学校が変わる時は気を付けた方がいいとアドバイスをもらっていたのですが，私は大きな失敗をしました。まずはその失敗について。

　担任することになった６年生は，男子が元気な学級でした。あっという間に２週間が過ぎ，授業参観・家庭訪問・遠足も終わり，順調にスタートしていました。そんな中，私は気になる女子児童が２人いました。２人とも休み時間に絵を描いたり読書したりするなど一人でいることが多かったのです。そこで「元気？（肩にポンとタッチしながら）」などとよく声をかけていました。５月になって，学校に手紙が届きました。先生が子どもの肩を触っていることをやめさせてほしいという内容の手紙でした。同じ頃，運動会のリレーの代表選手を決めた際，担任の決め方が悪いとクレームの電話がきました。前任校での６年間は，子ども，保護者の方ともよい関係が築けていただけにショックを受けました。クレームに強いと思っていた自分が情けなく，調子に乗っていたと反省しました。前任校では，私の失敗，至らぬことも，子どもたちや保護者の方々が，よい方へよい方へ考えてくださっていたことに気が付きました。

　高学年を担任した時に，その学年の子どもたちを低学年か中学年で担任していると，信頼関係がある程度できていて，よいスタートが切りやすいですが，学校を異動し，いきなり高学年を担任する時には，特に注意が必要です。

特に思春期の子どもたちとは，信頼関係がゼロどころかマイナススタートと考えた方がよいと思います。

　特に私が未熟だったことは，子どもとの距離を感じ，あせってしまったことです。なぜあせったのか考えると，昨年度担任していた子どもと目の前の子どもを比べたり，職場が変わり，周りに自分をよく見せようとしていたりしたのだと思います。

目の前の子どもを本当に見ているか？

　あせったりイライラしたりした時こそ，ふり返るようにしています。

(2) 信頼関係を築くために意識していること

　マイナススタートから，信頼関係をつくっていく中で，気を付けていることや意識していることがあります。

①子どもと教師の間にクッションを入れる。 ②「緊急ではないけど重要なこと」を意識する。

①　子どもと教師の間にクッションを入れる

　子どもとの距離感というのは，なかなか難しいものです。教師に近づきすぎるくらい近づいてくる子どももいれば，こちらから話しかけないと全くしゃべることのない子どももいます。教師はそんな子どもたち全員と信頼関係をつくっていかなければなりません。

　一人でいる子，教師と距離をとろうとしたりする子とどうつながっていくか。その子の興味のある話をしたり得意なことを聞き出そうとしたりします。ここであせって教師から近づきすぎないこと。信頼関係をつくっていくのがうまい先生は，一人一人に合った距離感で子どもとつながっていきます。あせって子どもに近づきすぎないためにクッションを意識します。クッションになるものには次のようなものがあります。

> ペット，ドラマ，アイドル，宿題の返信，その子の友だち，など

　ペットやアイドルの話などなんでもクッションになります。「元気？」と直接子どもに話しかけません。
　「奈穂美さん，先生は動物の中でネコが好きなんだけど，ちょっと写真見てくれる？」
　ネコと写真というクッションを挟みます。「話を聞いてくれてありがとう」と感謝の気持ちを伝え，少しずつつながっていきます。
　アイドルのクリアファイルを持っている優季さん。「○○好きなの？」と直接聞きたくなりますが，そこにクッションを挟みます。
　「○○の△△っていう曲が好きなんだけど，知ってる？」
　たとえ，その話が盛り上がらなかったとしても，宿題の返信に「何かおすすめの曲があったら教えてね」と書き，少しずつつながりをつくっていきます。
　学校が変わったり，いきなり高学年を担任したりした時は，ゼロからのスタートどころか，マイナスのスタートです。あせらずふわふわのクッションを意識して子どもと接し，子どもの安心感をつくるところから，スタートしていきます。

② 「緊急でない」けど「重要」なこと
　手帳術の本などによく載っている時間管理のマトリックスです。「緊急でない」けど「重要」なことを意識するようになって，私は自分のことを客観的に見られるようになり，子どもとの関係づくりもうまくいくようになりました。その日暮らしの生活をしているとどうしても，第1領域，「緊急」で「重要」なことや第3領域，「緊急」で「重要でない」ことにふり回される毎日になってしまいます。しかし，そんな中でも，第2領域，「緊急でない」けど「重要」なことを意識し，子どもに語りかけ見守るようにしました。
　1，2週間に1回は「授業」「行事」「学級づくり」などテーマを決めノー

トに書き出します。例えば学習発表会に向けて,「緊急でない」けど「重要」なことは何だろうかと考えます。「子どもにとって本当に重要なことは,みんなで一つのものを創り上げていく素晴らしさや達成感を味わわせることではないか」とノートに書き出していきます。すると,実際に指導する場面で,子どもたちが協力している

第1領域	第2領域
「緊急」で「重要」なこと	「緊急でない」「重要」なこと
第3領域	第4領域
「緊急」で「重要でない」こと	「緊急でない」「重要でない」こと

場面を探すようになりました。協力している姿を見つけ,それがどれだけ素晴らしいことかを伝えました。今までは劇の仕上がりにしか目がいかなかったと思います。

　休み時間に一人でいることが多い子どもがいた時に,一人でいることは,緊急にどうにかしなければいけないことではありません。一人でいることは何も悪いことではありません。むしろ,将来のことを考えると一人でいられる子は強い子です。その子が周りとつながろうとした時につながれる環境なのか,そこが重要なことになってきます。

　このように,「緊急でない」けど「重要」なことを考えることは,とてもいい教師修業になりました。なかなか思い浮かばないことや,本当にこれは重要なことなんだろうかと考えるようになりました。

　私は子どもとの距離感が近すぎる教師でした。特に若い頃は「子どもに好かれたい」という思いが悪い方向へ向いていたと思います。クッションを入れてつながり,緊急ではないけど重要なことを意識するようになって,一人一人の子どもに合った距離感をとれるようになってきました。

2 思春期の具体的指導

(1) B理論はすごい！

　私が普段意識していることの一つが，俵原正仁氏から学んだ「B理論」です。詳しくは俵原氏の著書を読んでいただきたいのですが，簡単に言うと，

> A……学校生活に意欲的な子ども
> C……学校生活に意欲的ではない子ども
> B……AでもCでもない子ども

　どうしても，AやCの子どもに目がいってしまいます。そこで，意識してBの子どもとつながっていくことで，全員の子どもとつながれるのです。さらに，このB理論は，Cの子どもも，いつもCの状態ではなく，AやBの状態の時もあり，Cの子どもが何もしていないBの状態の時につながるといいということです。

　4月，休み時間にあゆみさんが私のところへやってきて，前担任の話を始めました。
　「○○先生ってすごい男子に甘くて，女子には厳しいよね」
　「いやいやいや，男子にも厳しいし」
と，近くにいた男子が言います。
　前担任は，ひいきをしていたわけではありませんが，子どもがそう感じてしまっているようです。もしくは，新しく担任になった私に「ひいきするなよ！」とプレッシャーをかけてきているのかもしれません。
　2学期になりあゆみさんが私のところへ来て言いました。
　「先生ってギャグとかくだらないけど，ひいきしないところはいいよね」
　ちょっとつっこみたくなりましたが，尋ねました。
　「どうしてそう思ったの？」

「だって周平ともよく話してるからさ」

そう言ってあゆみさんは走っていきました。周平君は、大人しく、自分からあまり話すことのない男子でした。Ｂ理論でいうところのＢの男子であり、意識して接するようにしていました。そこをあゆみさんは見ていたようです。

Ｂ理論を知らなかったら、私はあゆみさんをはじめ、気になる子ばかりに声をかけていたと思います。思春期の子どもにとって、教師がわざとらしく接してくるのは嫌なものです。どうしても、気になる子ばかりに目がいきがちですが、教師がどの子にもひいきをしないで接することの大切さを改めて感じました。

① 宿題の返信でつながる

宿題、日記、自学などの返信は子どもとつながることができます。宿題に関するコメントもいいのですが、「体育の授業で、みんなのバトンを集めてくれてありがとう。助かりました」「１年生の面倒をしっかり見ているって登校班の谷繁先生がほめていたよ」などとコメントを書いていきます。いつも子どもたちはコメントを楽しみにしていました。私はイラストを描くのが苦手ですが、コメントにイラストをつけるとそれが話題となって会話になることもあります。失敗談としては、「先生、このコメントこの前と同じだよ～！」とつっこまれたことがあります。つっこまれるということはつながっている証拠だと思うのですが…。

② 給食中につながる

給食中は子どもとつながるゴールデンタイム。準備の時や食べている時、後片付けの時に子どもの輪に入りつながっていきます。私のクラスではどんなに早く食べ終わっても12時50分までは、後片付けをしないというルールがありました。それまでは班で給食を食べるのですが、時間になったら私は自分の机に戻ります。机の上に食器を返す入れ物を置いておきます。時間になり子どもたちが少しずつ食器を返しにきます。「計算ドリルとっても進んで

いるね」「給食おいしかったね」など話しかけていきます。必ず全員が食器を返しにくるので，短いですが1対1で話すことができる貴重な時間でした。なかなか宿題を出さない子どもには，「宿題出した？」とついつい言ってしまいがちですが，宿題の返信をしながら会話をしていると「あっ！」と子どもの方から気付くようになりました。

③　授業中につながる
　私は音楽を専門に勉強してきましたが，音楽の授業をするのが一番苦手でした。「もうすぐ学習発表会だ。もっと練習時間を増やそう」「立派な卒業式にするために，歌声を鍛えるぞ」と，張り切っているのは教師と音楽の好きな子どもだけ。うまく演奏ができない子どもや口を開けて歌おうとしない子どもを見るとイライラする自分がいました。私はこの時，子どものことではなく，周りからどう見られるかを一番に考えていたのだと思います。
　「緊急」ではないけど「重要」なことを意識して授業するようにしました。まず，ピアノを弾くのをやめてCDにしました。CDにすることで，子どもの近くで一緒に歌うことができます。一生懸命歌っている子どもに気付いて，その場で一言声をかけることもできます。うまく歌えなかったり恥ずかしかったりする気持ちもわかります。かける言葉も変わりました。以前は，「もっと口を開けて！　声を響かせて！　だんだん大きく！　音下がらないように息を送って！」など指示ばかりでした。合奏やリコーダーの練習中につまらなさそうにしている洋平君。そこで，
　「洋平君，あまり楽しくなさそうだけどどうしたの？」
　「うん，ここが難しくて弾けん」
　「わかる！　そこ難しいよね」
　このような声をかけるようになって，自分の気持ちが楽になりました。嫌だった音楽の授業が好きになっていきました。そして，授業の雰囲気も明るくなっていきました。余裕ができ，子どもと会話をすることができるようになりました。歌唱指導でも指示が減りました。

> 「みんなの周りには○人の仲間がいるから心配はいらないよ。さあ，思い切って歌って楽しもう！」

　うまく歌えなくても，協力することや楽しもうとしていることを教師が大切なことだと思い指導することで，クラスの雰囲気が明るくなり，歌声もよくなっていきました。

(2) 教師とのつながりが弱くても居場所があれば大丈夫！
① 百人一首で開花した彩さんから学んだこと
　こちらから話しかけないと担任に話しかけてこない彩さん。２学期に百人一首をやると，彩さんはとんでもない強さであることがわかりました。おばあちゃんとよくやっていたそうです。
　「彩ちゃん，すごい」
　「彩を今日こそたおすぞ！」
とクラスのみんなから声をかけられました。彼女に居場所ができました。
　そんな彩さんがついに私に話しかけにきたと思えば「先生，今日百人一首する？」という内容でした。その後も彼女は百人一首について調べたことを自学に書くなど努力をし，無敗記録を伸ばしクラスのみんなから「百人一首の女王」と呼ばれました。彩さんの保護者と話す機会があり，家で学校が楽しいと言っていることを教えていただきました。５月に，苦情の手紙をもらった家庭だったので，ホッとしました。
　クラスの中に，担任とつながりにくい子どもがいます。教師と子どもとの信頼関係をつくることも大切ですが，何よりもその子の居場所をつくることが一番大切なことを学びました。担任とは細いつながりでも，周りとつながってそこに居場所があればいいのです。

② プリントにイラスト
　音楽のプリントを作ってはみたものの味気ない。そこで，イラストを描く

のが得意なゆかりさんにお願いしてみました。ゆかりさんは次の日には見事なイラストを描いてきました。スキャンして音楽のプリントに使い続けました。ゆかりさんは周りの友だちとつながり，いつもよりプリントを大切に扱う子どもも増えいいことばかり。私もゆかりさんとの会話が増えました。その後，ゆかりさんを中心としたイラスト会社ができ，学級新聞や歴史上の人物似顔絵など，クラスを盛り上げていました。

　他にも，教室の扉の鍵を直して，修理屋さんになった子ども。日記に必ずオチをつける子ども。

　一人一人のよさを見つけ，引き出し，クラス全体に価値付けていくことで子どもたちに居場所ができていきました。

(3) **女子のグループについて**

　高学年を担任するとだいたい起こる女子グループのトラブル。予防に力を入れることで，後の指導もしやすくなります。しかし，それでも起こる時は起こるのです。

　隣のクラスの女子グループともめたという話を聞き，休み時間に名前の挙がった子を呼び，私と隣のクラスの先生と3人で話をしました。すると，次の休み時間には，全く関係ない女子が「先生，〇〇呼び出して怒ったの？」と聞いてきました。すぐに噂が広まっていてびっくりしました。今回のトラブル，教師の耳に届いたのは遅く，他の女子たちの方がよく知っていました。

　女子グループの問題は，教師や保護者がかかわりすぎて，余計に大きなトラブルになったこともありました。特に気を付けていることは，どちらの女子グループにも，教師がいい顔をしすぎないようにすることです。教師が言ったことを子どもたちはよく覚えています。教師の言葉で，余計にトラブルになることもあるので気を付けたいものです。

　また，チームで対応することも大切です。しかし，チームで対応する難し

さを感じたこともありました。グループでいることを指導する教師と，グループでいることは悪いことではないが，誰かを外したり嫌な雰囲気を出したりするのはいけないと指導する教師がいました。教師によって言っていることが違うと，子どもは，自分たちのことをふり返ることができなくなります。学年や管理職，生活指導の先生とチームになって対応できるよう，誰が何を言うのかまで気を付けています。

(4) 子どもの話を聞いてくれる教師

　妻に「人に聞いておきながら，もう答え決まっているじゃん！　学校でちゃんと子どもの話聞いてる？」と注意されることがありました。ふり返ると，「こうしてほしい。こうしたい」と答えが決まっているのに子どもに聞いていたことがあったように思います。それなら最初から教師の考えを伝えて「みんなどう思う？」と聞いた方がフェアな感じがします。答えがＡ・Ｂどちらになってもよい時は，子どもに聞くようにしました。ちょっとしたことですが，子どもは「この先生，僕たちの話を聞いてくれる」と思うようになってくれました。

　子どもとの会話を忘れないように，手帳にメモするようにしています。例えば，「今度の日曜日にそろばんの試験なんだ」と子どもが話してくれたら，忘れないように次の週の月曜日のところにメモをし，月曜日にその子に「そろばんの試験どうだった？」と声をかけます。すると子どもは笑顔で試験のことを話してくれます。

　しゃべることが好きな私は，意識して子どもの話を聞くようにしています。

（長崎　祐嗣）

【参考文献】
＊フランクリン・コヴィー・ジャパン監修『７つの習慣に学ぶ手帳術』KADOKAWA／中経出版，2014
＊俵原正仁『俵原正仁直伝！　楽しい学級づくりのツボ！』明治図書，2013
＊坪口純朗『叱らずに魂をゆさぶる合唱指導　福井ソアーベ児童合唱団の子どもたち』音楽之友社，1992

5 思春期の子どもたちの意欲を引き出す三つの方法

1 思春期の指導において大切にしていること

　私の母校は広島県尾道市にある土堂小学校です。
　ここは，2003年に読み書き計算・早寝早起き朝ごはんで知られている陰山英男氏が校長として赴任され，注目された小学校です。
　当時民間企業に勤めていましたが，縁あって研究授業を参観しました。その時に強い衝撃を受けました。校舎に入ると階下まで音読の声が響いています。廊下を進んでいくと，かつての自分が授業を受けていた同じ教室で，目を輝かせ，生き生きと活動する子どもたちの姿が飛び込んできました。音読に真剣に取り組む子どもたちに，そして，人の成長の可能性に感動を覚えました。
　この感動がきっかけとなり，教師を目指すようになりました。
　もてる力を発揮する元気のあるクラスを目指し，また，音読実践が学力向上につながるというデータをもとに，初任の時から音読に取り組んできました。朝の時間や授業の始まりの時間を使って計算をしたり声を出すと，活気が出てきました。
　講演での話や書籍に書いてあるまでの結果は出ないにしても，また，土堂小学校の再現はできないにしろ，自分なりに満足のいくものとなりました。

　最初の年は，満足していました。しかし，2年目以降，音読実践は不安定なものとなりました。それは，高学年の担任を任されるようになったからです。
　1年目は中学年で「声を出しましょう」の一言で，元気な音読がクラスにこだまました。

同じ調子で高学年にも行いましたが思うように声が出ません。一時的に出ても翌日には元の木阿弥。月曜日の朝はぐんと下がる。連休明けはダラダラ音読。「音読をします」と言うと「えー」という声。「えー」という声を禁止すると，「えー」という声は出さないが，『めんどくさいなぁ』というオーラを出していました。「発表する人？」と問うても，手が挙がりません。
　「声をもっと出そう」という私のかけ声は空回りし，「なんで出さないんだ」という子どもたちを責めるような，自分の実践力の低さを子どもたちの責任に転嫁するようになりました。思春期に入る高学年は難しいと自分勝手に思い，あきらめるようになりました。
　音読実践が下火になるにつれて学級づくりもうまくいかなくなりました。クラスの求心力が失われ，けだるい雰囲気がクラスを覆うようになりました。

　打開策もないまま過ごしていたある日，初任の時の子どもたちと話す機会があり，その時の思い出話になりました。彼らの口から出てきたのは「音読」でした。時が経っても暗唱したものは今でもスラスラ言えます。今でも時たま音読をしており，そうすることで元気になるという話も聞きました。
　子どもたちから元気をもらい，再度，音読実践に向き合うようになりました。
　音読に関する本をとにかく買い漁りました。音読に関するセミナーにも参加しました。本を読む時，話を聞く時には，自分と何が違うのか，何が足りないのかということを意識しました。
　興味をもった実践にはどんどん取り組みました。様々な実践を行う中で，効果の見られたもの，そうでないもの，自分に合うもの，合わないものが段々とわかってきました。またクラスの実態も考えて実践を扱えるようにもなってきました。
　また，音読実践だけでなく，ワークショップ型授業や，ミニネタ，コーチングなどを学ぶ中でよりよい授業づくり，学級づくりにも取り組むようになりました。

現在も試行錯誤の連続ですが，高学年でも音読実践を成立させ，意欲的に子どもたちが取り組むようになってきています。
　過去と比べて何が変わったのかをまとめると三つに絞られます。

> 一つ目は，信頼関係を築く。
> 二つ目は，協力できる。
> 三つ目は，引き出す。

　一つ目の信頼関係では，聞く耳をもってもらえていませんでした。
　好きな人のこと，尊敬している人の話は素直に耳を傾けることができます。逆に嫌いな人の話はどんなにいい内容でも聞いてもらえません。
　私に置き換えてみると「力を伸ばすことができない」「できないことを手立てもなしにさせている」「強制しているが価値の説明ができていない」「面白くない」「一方的で高圧的」「臨機応変に対応できない」「やらされ感が強く，主体性が発揮できない」など，子どもたちを不満にさせる要素が満載でした。それなのに「やらない」「やる気がない」「高学年だからしかたない」と他責にしていました。
　好きではないことを強制的にやらせていくと心が離れていってしまいます。批判する人，責める人を好きになってもらうことは難しいことです。信頼関係を築いていくことはできません。
　今は「できるようになった」「面白い」「将来に役立つから頑張ってやってみよう」「次はもっとこうしたい」と思ってもらえる授業を展開できるようにしています。
　教育は価値ある強制なので，無理難題を課してしまうことだらけですが，先生の話は役に立つ，面白いという信頼関係を築けていると，反発を生むどころか，むしろ果敢に挑戦する姿を見られるようになります。

　二つ目は，協力です。最初は音読をする際に，一斉音読と個人発表を中心に授業を展開していました。

一斉音読では「もっと声を出しましょう」の連呼，個人発表では「できる子と上手に読めない子の差が激しい」と悩んでいました。
　そうした中，群読に出会い，小グループの群読を取り入れるようになりました。
　グループ学習を行うことで様々なよさがありました。まず何より「友だちとかかわりながら学習することは楽しい」「わからないことは教え合える」「一人では恥ずかしくても友だちとなら挑戦できる」「先生の言うことは届かなくても，友だちのアドバイスは聞き入れる」「発表会に向けて練習する中で友だちとの絆が深まる」など，楽しくためになる時間を過ごせるようになりました。
　全員を動かすにはある程度の指導力が必要です。それは教師一人で頑張っても中々うまくいきません。教師が一手に責任を背負い，引き上げようとするのではなく，子どもたち同士が助け合い高め合える関係づくりのお手伝いをします。
　一人が頑張るのではなく，30人のクラスなら子どもたちと一緒に31人で頑張ることで，より楽しくより学びのある授業になります。

　三つ目は，引き出すことです。人には自我があり，自我を守るため，命令されると反発する本能があります。思春期に入るとこの傾向は強まります。
　「音読することのよさは三つあります。一つ目は，…」と説明していたことを，「音読は世界中の国で，今はもちろん昔から行われてきています。音読することのよさは，何でしょう」と問いかけに変えます。
　「気持ちがいい。大きな声を出すとすっきりする」と子どもが答えたとすると，「なるほど。そうだね。同じように思う人は手を挙げてください」とさらに子どもたちに返します。「たくさんの人が同じように思っているんだね。じゃあ，気持ちがよくなるような大きな声で読んでみましょう」
　「声を出すことで元気になります」と教師が説明するのではなく，質問により引き出します。「人は自分の考えたことはやってみたくなる」という性

質があります。伝えるのではなく，考える機会を設定するようにします。
　その他にも「音読発表会をしましょう」ではなくて，他の学年やクラスから「招待状」や「果たし状」を書いてもらい，「お手紙が届いたんだけど，みんなどうする？」と，判断を委ねます。「やろう」と自己選択することで，意欲につながります。

　「信頼関係」「協力」「引き出す」どれもできていませんでした。これらを総括すると，私の失敗は「これは絶対にいいんだから，子どもたちはやって当たり前」の立ち位置だったことです。
　現在も「いいものを経験させたい」という思いは同じですが，一方的ではなく，やって当たり前ではなく，「どのようにして意欲的に経験させるか」を考えることに力を注いでいます。

2 思春期の具体的指導

(1) 信頼関係
　① 叱るタイミング〜最初が肝心〜
　新学期始まってすぐの離任式のことです。たろう（小6男子）は，ポケットに手を入れたままでした。式の最中にポケットに手を入れるのはよくないと思い，「ポケットから手を出すように」言いました。たろうはポケットから手を出しましたが，しばらくしてまたポケットに手を入れていました。改めて「きちんとした姿勢で聞こう」と声かけをしました。1回目よりもしぶしぶとした様子でポケットから手を出しました。しかし，またすぐにポケットに手を入れました。3回目でしたので「しっかり立って聞きなさい」と少し強めに言いました。するとふてくされた態度をとりました。「最初が肝心」だと思い，「式の時は，ポケットから手を出し，気を付けをした状態で立って受けます」とさらに強く言いました。このあとたろうはポケットに手を入れませんでしたが，たろうとの距離はずいぶん離れてしまいました。

「たろうが学校に行きたくないと言っています」「休憩時間に外で遊びなさいと先生はおっしゃるそうですが，たろうは内遊びが好きなので強制させないでほしいです」など，たろうの保護者から次々と電話がくるようになりました。たろうへの指示は通らず，たろうが何か行動する時も，とりあえず最低限の範囲でやっておくというスタンスになりました。

「最初が肝心」はその通りです。しかし，私はその意味を取り違えていました。「最初に不適切な行動を是正する」ということへの意識が強すぎました。これは最初に主導権を握ろうとするための焦りによる行動でした。本当の「最初が肝心」の意味は「最初に信頼関係を築く」ということでした。

不適切な行動を是正しなくてもよいということではありません。友だちへの迷惑な行動や危険な行動はすぐに止める必要があります。しかし，それ以外はある程度様子を見ることができます。

「朝会や式の受け方」「人の話の聞き方」「テキパキとした行動」「暴言」「反応」「男女の仲」「人間関係」「怠惰」「忘れ物」「掃除」「給食」など，気になることがあります。場合によってはたくさん気になることがあります。すぐにいろいろとテコ入れをしたくなります。しかし，まずはぐっとこらえ，少しずつ着手します。そして途中から改革の速度を速めます。そのタイミングは信頼関係ができてからです。そのタイミングは数週間から数か月かかります。

② 信頼関係をミニネタでつくる

奈良の土作彰氏に学び，ミニネタを授業に取り入れています。ミニネタは「短い時間や小さい労力で行える授業実践」のことです。

ミニネタの魅力は様々です。「興味関心を高める」「スキルアップ」「定着」「リフレッシュ」「思考を促す」「導入」「補足」「補強」などがあります。これらは授業づくりに役立ちます。

また，「空気をあたためる」「先生の話を聞く」「安心」「楽しい」「交流が生まれる」「仲良くなる」などの効果もあります。これらは学級づくりに役

立ちます。

　子どもを惹きつけ，本気にさせます。「この先生の話は面白いし，わかりやすい。しかもできるようになる」と思わせることで「知的権威の確立」ができます。

　現在は，書籍やDVDなどで多くのミニネタ集が発刊され，1000本近いミニネタがいつでも手に入ります。

　指導技術は一朝一夕には身に付きません。しかし，ミニネタはネタの魅力で，授業を成立させることができます。

　例えば，私は学級開きの時に授業の作法として「挙手」や「拍手」のミニネタを行います。楽しさを印象付けることや，これから1年間大切にしたい思いをミニネタに込めます。拍手の作法は次の通りです。

　「新しく担任になる山田です。よろしくお願いします。すごい，素敵な声でよろしくお願いしますが言えました（どのような声でも素敵とします）。新しいクラス，新しい友だち，出会いを祝って拍手をしましょう。拍手〜。

　授業の作法拍手編，みんなの拍手も素晴らしい。その素晴らしい拍手にさらに磨きをかけ，この1年間を楽しいものにしていきたい。

　続けて言います。拍手三大原則。拍手三大原則。

　これは，先生がは〜るか昔4000日前，新宿にあるアルタでADに教えてもらった秘伝の奥義です。今日は特別にこの奥義を授けます。

　（巻物を用意しておくか板書して）拍手三大原則とは『強く細かく元気よく』です。

　『強く』とは大きな音をならすこと。3回叩いてみよう。

　『細かく』とは，辞書によると単位が極めて小さいことをいいます。3秒間。さんはい。

　『元気よく』は，手の平だけでなく声や動き，全身を使うことをいいます。『わー』と言いながら3秒間叩きましょう。

　では三つを一緒にやってみよう。先生の方をよく見ていてね。強く，細かく，

> 元気よく　わ〜　ジャン，ジャジャジャン（『笑っていいとも！』風）。
> 　１回目からそんなにうまくてえらい。もう一度，強く，細かく，元気よくわ〜　ジャン，ジャジャジャン。　この拍手で１年間クラスを盛り上げていきましょう」

　この後，数日間は毎日３〜10本の学級開きミニネタを行います。
　第一印象を大切にします。最初の印象は，インプリンティング効果と呼ばれ，長い間継続します。「楽しい」「このクラスでよかった」と最初に感じてもらえると，１年間の学級経営がスムーズになります。「今年は楽しそう」と，出会いを工夫します。好印象のスタートが切れるようにします。

(2) **協力**
　① **協力を促進する環境づくり**
　アニメの王道は最初強敵だった相手が，途中から心強い仲間になることです。「なぜ仲間になるのか」それは，共通の敵が現れるからです。共通の目標をもつことで，協力できるようになります。協力できる，協力せざるを得ない場を設定することで，かかわり合いが生まれます。
　例えば，ドッジボールは高学年でも好きな遊びですが，一工夫で協力し合えるゲームになります。男女が仲良くなる「ボディガード」というドッジを紹介します。
　ボディガードは，普段のドッジボールのルールに「女子が全滅したら負け」を加えます。このルールにより「男子が積極的に女子にボールを回す」「互いの活躍を応援したり，賞賛したりする」「時にはナイトのようにマンツーマンや複数で女子を守ったり，捨て身で助けたりする」姿が見られるようになります。勝ち負けを単純に繰り返して何試合もするのではなく，作戦タイムをとるとさらに仲が深まります。

　授業では，『学び合い』や『ワークショップ型授業』を取り入れ，協力で

きる授業づくりをします。

　例えば，6年生の社会では，多くの単元で学習のまとめとしてクラス内でプレゼンコンテストを行っています。4時間扱いで1時間調べ学習，1時間まとめ＆発表練習，2時間発表という構成です。発表は小グループ同士のペアで相手を変えて何度も行い，一度の調べ学習で6回程度発表を行います。全部発表が終わった後投票し，上位のグループは全体の前で発表します。

　最初は班4人で一つの内容を発表します。優勝目指して準備する中でたくさんの交流が生まれます。途中から班を2人ずつの二つに分けて発表します。発表ごと，違うメンバーと組むようにします。優勝は「ペア」と「班総合（それぞれのペアが獲得した票を足して集計）」の二つに設定すると，ペアだけでなく，班での絆も深まります。

② 協力を成功させるグランドルール

　グループ活動を行うと，一斉授業よりもトラブルが発生します。人と人とがかかわり合うことで摩擦が起こるからです。「バカにされた」「話し合いに入れてもらえなかった」「お前のせいで負けた」「ちゃんとやれよ」など，マイナスの言葉や行動が行きかうと協力どころか，仲を引き裂く結果にもなってしまいます。では，グループ活動はダメなのかというとそうではありません。トラブルを乗り越えることによって人は成長するからです。トラブルは成長のためのチャンスで，トラブルを活かす仕組みづくりが大切です。その一つにグランドルールがあります。

　グランドルールとは班ごとに決めたルールです。活動の前に確認することでめあてになります。班でトラブルが起こった場合は，このルールをもとにしてふり返りができるようになります。

　グループ活動の後や週末に見直して，できたかどうかをチェックします。加筆修正する中で思い入れが増します。自分たちの行動指針になるとともに，ルールを大切にするようになります。

　つくり方は，まず「笑顔」「楽しい」「協力」「一生懸命」「根性」「元気」

「仲良し」「よく遊びよく学ぶ」など班のテーマを決めます。次に，具体的なルールを箇条書きに書き出します。最後に，誓いの意味を込めて一人一人がサインをします。

(3) 引き出す

「わかっていることを一々言われると腹が立つ」「当たり前なことを言われると天邪鬼になる」というのが思春期の心情です（「わかっている」と「できている」は全く別ですが…）。わかっているであろうことは，教師が言うのではなく，尋ねるようにします。

例えば，社会科見学に行く前日「歩き方」「公共機関の乗り方」「挨拶」「見学のマナー」などたくさんのことを事前指導します。しかし，当日は「歩道からはみ出さない」「静かに乗りなさい」など，指導に明け暮れ，さらには「どちらの学校ですか」と地域の方からお叱りを受けるといったことがあります。それは前日指導が子どもたちに届いていないからです。

「社会科見学ではどんな力が身に付くかな」と問いかけるようにします。すると，「挨拶をしっかりする」「席をゆずる」「ふざけない」「大事なことはメモをする」など，たくさんのアイデアが出てきます。それを一つ一つ認め，「そうだね，明日はそんな力を身に付けにいこう」と出発します。話し合った内容は黒板に残しておき，「翌日黒板をもとにふり返りをしようね」と伝えておくだけでただの観光気分から主体的な学びの場へと意識，そして行動が変わります。

コーチングでは「答えはその人の中にある」という考えがあります。一方的に与えても，受け取ってもらえなかったり，逆に反発されたりする場合があります。子どもたちが「よりよい方向へ自発的に行動できるようになる」には，どうしたらいいかを，考えて接するようにします。

コーチング手法がすべてではありません。ティーチングが必要な場面もあります。時と場合によって使い分けることが望ましいです。傾向としては低

学年はティーチング重視，思春期となる高学年ではコーチング重視が響きやすいようです。

　コーチングの取り掛かりとしては「教師が話さないこと」と「考える機会を設定すること」から始めてみることをおすすめします。

　最後に思春期に効果的なチェンジングポジションという実践を紹介します。

「姿勢が崩れている」「時間への意識が足りない」「声が小さい」「意思を表さない」「整列が遅い」など，不適切な行動はどんどん目に飛び込んできますが，子どもたちは教師が思うほどできていないとは思っていません。それなのに「もっと〇〇しましょう」とすると，「できているのに」「めんどくさい」「もうしたくない」など，反発心を生みます。

　人は自分から見えているものが現実だと認識してしまいます。しかし，ほかの人から見ると，異なって見えることがあります。違った視点を与えることで，別の角度から，物事を捉えることができるようになり，物事をより多面的に見ることができます。

「全国大会で優勝するチームは整列する時どれぐらいの速さで並ぶと思いますか」

「横浜市には小学6年生が大体3万人ぐらいいますが，その中で一番いい姿勢をしている人はどのような姿勢で，どれぐらいの時間，よい姿勢を続けられるんでしょう」

「横浜市には小学5年生が大体1000クラスぐらいあります。一番仲のよいクラスってどんな言葉が教室に飛び交っているんだろう」

など，同世代で活躍している人を想像させると，そこから刺激を受けます。

「手を挙げて堂々と発言できる自分はどんな自分？」「音読の時にベストな自分ならどんな行動する？」「最高に自分がハッピーな時，周りの友だちにどんなことができる？」など，最高の自分を想像することで，一歩先の自分を目指せるようになります。

（山田　将由）

6 「私は先生に大切にされている」
~思春期の子どもたちとつながるための"想像するチカラ"~

　私は高学年の時，誰から言われたか忘れましたが「三婆の一人」と言われていました。気のきつい子で，授業中でも女子（三婆のあと二人）と言い争いをしていた記憶があります。また，すぐに答えを言ったり，先生が言い間違えたことの揚げ足を取ったり。その反面，友だちと自分を比べ，自己嫌悪に陥ることもたびたびでした。まさに「The 思春期」の日々を過ごしていました。

　5・6年生は持ち上がりで男の先生でした。きっと私は相当扱いにくい女子だったのではないかと思います。私は集団で叱られたことはありますが，個別で注意されたり叱られたりした記憶がありません。先生の家に遊びに行ったり，放課後一緒に野球をしてもらったり，クラスのリーダーにしてもらったり，子ども心に「私は先生に大切にされている」と感じていました。

　私は今まで高学年しか担任したことがありません＊ので，常に思春期入り口にいる子どもたちに向き合っています。「The 思春期」の子どもに出会うと「この子も悩んでいるんやなぁ」と自分と重ね合わせて見てしまうのです。

1 思春期の指導において大切にしていること

　思春期の指導と言っても，策略的にしているわけではありません。気が付けば「私だったらしてほしいこと」を実践していました。次第にそれらが自分の中で「思春期指導の柱」になっていったような感じです。その柱とは，

①共感とユーモアとスルーでつながる。
②プラスの称号を与える。
③保護者とつながる。

主に教師と子どもとをつなぐ方法について論を進めさせていただきます。
　もちろん，これらは思春期の指導だけでなく，どの学年でも大切にしなければいけないことです。でも，特に思春期の時期はこの三つが大切で，これらができていないと，お互い地獄の１年になってしまうことがあるのです。

思春期の具体的指導

(1)　共感とユーモアとスルーでつながる
　① まずは「共感」
　１学期始業式の日。教室の中は異常にざわついていました。その中でもマヤさん（小５女子）は特に目立っていました。椅子に斜めに腰かけ，「ねえ，１万円ちょうだい」と，脈絡のないことを何度も言ってきました。
　私は全く否定せずに，「１万円，あったらいいなぁ。私も欲しいなぁ」などと答え，共感し続けました。ただ，ペースだけは私のペースになるように，短い時間でしたが詩の授業をしました。
　思春期に入り，反抗的になってきた子，素直に自分の気持ちを表現できない子などは，教師を試してくる時がよくあります。真剣に自分と向き合おうとしているのか，自分のことを大切にしてくれるのか，本能的に嗅ぎ分けようとしているのではないかと思うことがあります。こちらがイラッとするような言い方で試してくることも。そんな時にも私は共感して受け止めるようにしています。特につながりができるまでは，これは基本だと思います。
　友だちとけんかをした時など，自分のことを正当化し，相手のことを悪く言ってくる場合があります。そんな時も頭から否定はせずに，まずはそれだけつらい気持ちになったことに共感します。
　「そっかぁ。そんな言い方をされて，悲しい気持ちになったんやね」
　共感は想像力です。その言動の目的とその子の気持ちを想像することは，教師には必要な力だと思います。
　そうは言っても，どう共感したらいいのかわからないという方は，「オウ

ム返し」をしてみてください。

> 「めっちゃむかつくわ」→「めっちゃむかつくんやね」
> オウム返しでまずは受け止め，そう言ってしまうその子の思いに寄り添う

そんな教師でいたいと私も思っています。

マヤさんとも少しずつつながりができてきました。彼女はとても力のある子で，授業でも活躍するようになりました。毎日書いている「振り返り」（テーマを決めて1日を振り返る日記のようなもの）にも，「4年生の私は不良でした。5年生になって私はがんばるようになりました」と書いていました。

② 指導も「ユーモア」を交えて

つながりができれば指導もしやすくなります。でも思春期の子どもにはダイレクトな指導が受け入れられないことがよくあります。

「学校にピアスを付けてきてはいけません」。深くつながればこんな指導でも大丈夫なのですが，思春期の子どもにはストレスがたまるでしょう。

千草さん（小6女子）は耳にピアス，亜弓さん（同）は鼻にピアスを付けてきていました。そこで，私は彼女たちの近くを通る時に

> 「鼻くそ，付いてるで。取っときや」「耳くそ，付いてるで。取っときや」

と，ユーモアで指導しました。もちろん，つながりができているからこそ，言える「鼻くそ，耳くそ」です。最初のうちは外しても，また翌日に付けてくる繰り返しでしたが，私のしつこさに負けてか，付けてこないようになりました。

全体指導をする時は厳しさで迫ることもよくあります。しかし，思春期の子ども，特に女子を全体指導で注意することはまずありません。どれだけ関係ができていてもそれはしません。思春期の子どもはプライドを傷つけられることをひどく嫌がるからです。

個別で指導をする時も，その子に合わせてユーモアを交えた言い方をする

ことがよくあります。要は,その子が望ましい行動の価値を理解し,自発的にその行動がとれるようになればいいのです。

ただ,この「望ましい行動」は教師がそう思っているだけで,子どもには受け入れられないこともあります。その場合のかかわり方は③で述べます。

指導の場面以外でもユーモアは欠かせません。子どもの方に行く時にムーンウォークで近づく,給食のおかわりを必死に要求する(よく「大人げない」と言われますので,「大人じゃない」と返しています),休み時間に子どもたちと一緒にストリートダンスを踊り,そのあまりにも情けない姿に爆笑される…など,ある意味体を張っています。

なぜそこまでユーモアにこだわるのか。

| ユーモアには対人関係の間にある垣根を低くしてくれる効果がある |

からです。思春期の子どもたちはこの垣根が通常より高いように感じるのです。垣根を高くしている子は,自分と感覚が合わない他者を排除したり,攻撃したりすることがあります。教師に対しても同じです。ユーモアをうまく活用すると,思春期の子どもたちともうまくつながることができるのです。

このユーモアのさじ加減は,その教師の年齢やタイプによって違います。ユーモアしかなければ,子どもたちから馬鹿にされるかもしれません。私の場合は子どもたちの親世代より上の年齢ですし,キャラクター的にどうしても厳しさの方が前面に出てしまうので,特にユーモアの部分を意識しているのです。

ユーモアと厳しさ(ユーモアと厳しさが対極にあるわけではないのですが)のバランスには,自分は子どもたちからどう見られているのか,客観的に自分を見つめる,やはりここでも「想像力」が必要となるわけです。同僚や子どもたちに,自分のタイプを訊くことも一つの方法です。

③ 時には「スルー」も必要

実は,私はこのことで大きな失敗をしています。目に見える問題行動をすべて「正したい」という欲求にかられ,管理的な指導をしていたことがある

のです（今もそれがゼロとは言えないので，気を付けています）。

　授業中に立ち歩いたり，床に寝そべったりする子を見ると注意していました。暴言や反抗的な態度にも，いちいち指導を入れていました。その結果，「その問題行動が正せたか」というと，その逆でした。反抗がエスカレートし，私には手に負えない状態になったのです。

　これは極端な例かもしれませんが，すべての問題行動を指導するというのは，特に思春期の指導においては，難しいこと，いえ，「してはいけないこと」のように思います。

　ある年，真澄君（小5男子）の「死ね」などの暴言に悩まされていました。私は真正面に言葉を受け取り，その都度，「言われた人はどんな気持ちになると思う？」などと指導を入れていました。挙句の果てには，「じゃあ，本当に死ぬから見に来なさい！」と興奮して，真澄君の腕をつかんで叫んだこともあります。真澄君は「そんなこと言ってるんちゃうわあ！」と，さらにエキサイトして暴れていました。

　打つ手が見つからず，憔悴しきった私に，当時の管理職がこう教えてくれました。

「"死ね"は挨拶なんですよ」

　「厳しい生活環境の中で育ち，学力も付けてあげられていない子どもが，少ない語彙数の中で選んだ挨拶の言葉が"死ね"なんですよ。"ああ，おはようと言っているんだな"と翻訳して聞けばいいんですよ」

　それからは，すれ違いざまに「死ね」と言われても，笑顔で「おはよう！」と返せるようになりました。時には，ユーモアを交えて「"シネ"ちがうで，私は"シノ"」と答え，「志乃！」と呼び捨てにする真澄君に，「私はあなたのオンナではありません」と，教師らしからぬ言葉を返したこともあります。その時の真澄君のうれしそうな顔。

　もちろん問題行動すべてをスルーするわけにはいきません。スルーするかどうかの見極めに必要なのは，やはり「想像力」です。その問題行動の目的

は何なのか，今ここで指導するとどうなるか，それらを想像するのです。

　真澄君の暴言の目的は，私にかまってもらいたいことだったように思います。「死ね」と言うたびに，真剣に自分に向かってくる先生。それが面白く，また，うれしかったのでしょうね。管理職から言われたように，生活背景を知り，そこから言動の目的を想像することもとても大切なことです。

　私は彼の「死ね」をスルーする代わりに，彼にかかわるようにさらに努力しました。そのうちの一つが「おにぎり」でした。彼を含めて数人が厳しい生活環境のために，朝食をとらずに登校していたのです。私は毎朝彼らにおにぎりを作って，他の子どもたちに気付かれない方法であげていました。それは「教師の問題行動」だったのですが，管理職は認めて，スルーしてくれていました。

　また，②「ユーモア」で述べたように，教師にとっての「望ましい行動」が子どもにとってのそれとは限りません。「授業中，座って先生の話を聴く」ことは教師にとっての「望ましい行動（態度）」かもしれません。しかし，ある子どもにとってそれは苦痛でしかなく，なぜそのことを強要されるのかわからない子どももいるのです。

　やはり，この時に必要なのも「想像力」です。そういう多様な子がいるということ，そして，その子にマッチした方法を想像することが必要なのです。時には「スルー」が有効な手段であることは多々あります。

④　子ども同士も「共感・ユーモア・スルー」でつながっていく

　子どもは担任の態度をよく見ています。こちらの思いまで見透かされているのではないかと思うことさえあります。やんちゃな子の対応に追われ，「この子さえいなければ学級はうまくいくのに」と考えていると，その思いは子どもに伝わり，そのやんちゃな子を「学級のじゃまをする子」と位置付けてしまうかもしれません。

　私が「共感・ユーモア・スルー」でつながっていこうとしている姿を見て，子どもたちも同じようにつながっていっていることに気付きました。

友だちの発言を聞く時，「なるほどなぁ！」「確かに」という声が飛び交います。話し合いの時も，「○○さんの△△という意見はいいなぁと思います。でも私は□□という考え方もあると思います」と，まず友だちの意見に共感するところから始まります。
　さやかさん（小5女子）は友だち関係で悩んでいました。その思いを皆の前で爆発させることを私は勧めました。そういうことも私は大切だと思うのです。爆発したさやかさんの思いを仲間たちは受け止めました。
　その後，さやかさんが獲得した友だちとつながるスキルが「ユーモア」だったのです。
　ある程度のことはユーモアで流し，これは我慢できないという時も，ユーモアを交えて話ができるようになっていました。
　「○○さんの言い方，きっついわぁ。きついのは志乃先生の年齢詐称だけにしておいてほしいわ」
　「笑われてなんぼ」の体を張った担任のユーモアに子どもたちは価値を見出してくれていたのだと思います。
　そして，「スルー」。子どもたちはお互いの生活背景を知っています。私が部屋まで起こしに行き，車に乗せて連れて来ている友だちがいることも知っていました。でも，そのことで「ずるい」と子どもたちが言ったことは一度もありませんでした。その子が授業中，床に寝そべっていても，その子の背景がわかっているので子どもたちも「スルー」します。そして，休み時間になると彼の周りに集まって行き，楽しそうに話をしているのです。
　教師の言動や思いが，子どもたちの人格形成に影響する…少し大袈裟かも知れませんが，それ位の意識が教師には必要だと思います。

(2) プラスの称号を与える

　私がそうであったように，他者と自分を比べ，劣等感に苛まれている思春期の子どもたちはたくさんいると思います。そんな劣等感に気付かれないようにするためなのか，自分を強く見せようと虚勢を張り，友だちにきつい言

い方をしてしまう子もいます。まさに小学校の時の私です。

　美奈さん（小5女子）もそんな子でした。家庭訪問に行く先々で美奈さんの話題が出てきます。「意地悪なので，うちの子と遊ばせたくない」。ダイレクトにそうおっしゃる保護者もおられました。

　私は美奈さんを6年生でも担任しました。その4月の家庭訪問では，美奈さんの話題は全く出てこなかったのです。なぜなら，この1年間，美奈さんが友だちともめることはほとんどなかったからです。

　私は美奈さんと「共感・ユーモア・スルー」でつながる努力をしました。

　さらに意識したことは「プラスの称号を与える」ことです。私は美奈さんに「優しい人」という称号を与えようと努力しました。毎日の「振り返り」で，私はいかに美奈さんが優しい人であるかを，1日の行動に沿って書きました。「最近遅刻が減ってきたね。友だちを待たせてはいけないという美奈さんの優しさを感じるよ」「友だちのよいところに気付くのは，美奈さんが優しいからです」

　「マインドコントロール」や「レッテルを貼る」という言葉には悪いイメージがあります。もしかしたら私がしていることは，それに近いことかもしれません。でも，それらと大きく違うことは，その子の人格形成においてプラスになる言葉がけだということです。

> 根拠のない「プラスの称号」は，作為的でその子の心には届きません。その子をしっかりと見取り，事実をもとにした「プラスの称号」でなければいけないのです。

　また，友だち同士が認め合い，「プラスの称号」を与え合うシステムを学級につくることも大切です。

　ある年は学級目標が「伝説の6年1組」でしたので，子どもたちのアイデアで「伝説の木」というのを作り，そこに友だちのよいところなどを書いた花型の付箋を貼っていくという取り組みをしたことがあります。また，毎日の目標が達成された時は，その目標を木の根元に貼り，「伝説の木」の養分

ということにしていました。

自分のことを書かれることで自尊感情が高まるだけでなく、増えていく付箋と達成した目標で学級の成長が可視化され、子どもたちが実感できるという二つの効果があります。

きっと他の方もこういうシステムを紹介されていることと思います。ご自身にしっくりくる方法でぜひ取り組んでみてください。

(3) 保護者とつながる

これも思春期に限らず大切なことなのですが、特に思春期の子をもつ保護者は悩まれていることが多いので、私は意識して保護者とつながるようにしています。

優君（小5男子）は不登校傾向のある子でした。彼には何人か兄姉がいるのですが、全員不登校中でした。保護者はいつも悩んでおられ暗い表情をされていました。この状況で優君が学校に笑顔で来ることは難しいと判断し、私は管理職に許可を得て、優君のお母さんと2人で居酒屋に行くことにしました。

居酒屋で過ごした3時間、お母さんは子育ての悩みだけではなく、ご自身のこともたくさん話してくださいました。それだけ心労がたまっておられたのだと思います。そのお母さんとは強固なつながりができ、優君が気持ちよく学校に来れるように作戦を立てるチームのような関係になりました。

子育ての悩みを抱え、周りに相談できる相手がいない保護者は結構おられます。私は相談相手にはなれないかもしれませんが、保護者の気持ちに寄り添える教師でありたいと思っています。

学級経営が素晴らしいベテランの先生で、子どもたちもしっかり成長していたのですが、保護者に少し高圧的な態度をとっていた人がいました。保護者との関係が悪く、そのほころびが子どもに伝わり、結局、学級が大変な状

況になってしまった事例を間近で見たことがあります。

　私は幸い母親の経験があるので，保護者の悩みに共感できることがよくあります。この本をお読みの方は若い先生が多いことと思います。保護者の気持ちが想像しにくくても，思春期の子どもの気持ちは私なんかよりリアルに想像できるのではないでしょうか。

> 保護者と話す時，ぜひご自身の経験なども交えて，子どもにも保護者にも「共感」してお話を聴いてください。

　実は，保護者とのつながりも「共感・ユーモア・スルー」と「プラスの称号を与える」ことが有効なのですよ。紙幅の関係でその話はまたいつか…。

3　思春期指導の極意

思春期の指導で大切にしている3本の柱

> ①共感とユーモアとスルーでつながる。
> ②プラスの称号を与える。
> ③保護者とつながる。

　これらを支える土台は「想像力」です。
　最後に，こんな想像をしてみませんか。
　目の前にいる子どもを自分の子ども，子どもがいない人は弟や妹，あるいは，思春期で心が揺れ動いていた自分自身だと想像してみるのです。決して子どもは「仕事の対象物」（「物」と言わないまでも「者」）ではないのです。
　いろいろなものを抱え，心を痛めている子どもが見えてきたら，きっと指導も変わってくると思います。「自分は先生に大切にされている」。この実感が思春期を乗り切る原動力になるのです。一緒に頑張りましょう！

　　　　　　　　　　　　　　　　　　　　　　　　　（永地　志乃）

＊執筆時。平成27年度は低学年を担任。

7 直球勝負にこだわらない 球種を増やそう

「2，1，3，2，3，1，2，5，3，1，2…」

ある時，これまでの担任学年をふり返りました。低学年担任が多く，どこか号令のようです。低学年向きと思われている私のいつか卒業生を送り出してみたいという願いはなかなか叶いませんでした。

ある年の年度末，呼ばれた校長室で「来年度は6年生をお願いします」。予想外の言葉に思わず，「ええっ」と驚きの声を上げながら「頑張ります」と返答し，6年生担任がスタートしたのは，教職14年目のことでした。

 ## 1 思春期の指導において大切にしていること

思春期の入り口である6年生の担任として心がけたことは次のことです。

> ① 1年後のゴールに「卒業式」を据える
> ② かかわり，認め合う
> ③ 自分で決めさせ，見守る

①については，1年間しかないこと，6年生担任を何度も経験している同僚や仲間に聞いたり，書籍を読んだりし，共通の目的に「感動する卒業式をつくろう」を据え，子どもと共有しました。

学級目標を決める時，日々の自分たちの言動をふり返る時，行事に向かう時，すべて「感動の卒業式」にするためには…という視点で子どもたちに考えさせました。卒業式のゴールイメージを共有することは，子どもたちには共通の目標をもたせるために，担任にとっては，学級をチーム化する手立てとして，わかりやすく有効でした。

②のかかわり，認め合うは，まずは担任である私が子どもたちの今の姿を

そのまま「認める」ことを心がけました。最高学年になった子どもたちは，学校のために頑張りたいという思いをもっていました。出会った日の入学式準備の様子からそれが伝わってきました。そんな子どもたちの様子を担任発表の後，すぐに伝え，価値付けました。また朝の黒板にメッセージとしてよかった姿を具体的に書き，それを学級だよりに載せて保護者に知らせました。

③の自分で決めさせ，見守るは，心がけたものの最初からうまくはできませんでした。教師の願いを伝えた後，「頼むね」と任せたいと思っていました。しかし，私自身，低学年担任が長く，その場ですぐに指導する直球型指導が多かったこと，子どもたちはわかっているのに確認の意味でも…と説明を重ねたためかもしれません。

担任になって３週間後，家庭訪問に行きました。るみこさん（女子）のお母さんは，明るく社交的な方で，楽しくお話させてもらいました。途中でお母さんがおっしゃった言葉にハッとさせられました。

> うちの子，先生の言い方が「低学年に言うみたいでなんかやだ」なんて言っているんですよ。

お母さんは，笑いながらおっしゃいましたが，私は，とても考えさせられました。自覚はなかったものの，わかっていることをいちいち言われるのは嫌だということなのかな，細かく説明しすぎるのかなとふり返りました。

これをきっかけに，③の自分で決めさせ，見守ることをより意識しました。

また，思春期の指導に対する基本的な考えとして男子と女子の違いもあるでしょう。教師のスタンス，友だち同士のかかわり，どちらも思春期特有の配慮が必要ではないかと思います。

思春期の子どもたちの友だちとのかかわりについて，大渕憲一氏は，男子と女子の違いを挙げ，女子は，「特定の人とのみ深く関わり，その排他的関係の中で，互いの内面をさらけ出す」[*1]と述べています。

特に女子のかかわりについては，自身の経験からも納得できるところがありました。女子については，②③を男子以上に心がけました。

2 思春期の具体的指導

(1) よい関係づくりのために行ったこと

　明確に分けることはできませんが，次に紹介する①②③は主に教師と子どもの関係づくりに，④⑤は，子ども同士の関係づくりに役立つとよいと思って行いました。

　① 教育相談でその子を知る

　年間3回程度実施しました。年度初めは，その子のことを知りたいという気持ちで「習い事」「夢中になっていること」「6年生に対する期待」などを聞き，関心を示すこと，関係づくりに役立てました。

　1学期後半と2学期半ばの面談では，「困っていること」「先生に相談したいこと」はないかとも尋ねました。

　活発で面倒見のよいなみこさん（女子）は，2回目の面談で話している途中で泣きだしました。中学年の時の友人関係のトラブルを思い出したためでした。引き継ぎで概要は聞いていたのですが，なみこさんの話すまま，ただ聞いていました。「それは，つらかったね」と言うと泣き，しばらく時間を過ごしました。なみこさんは，かつてトラブルになった子とのかかわりで，彼女なりに気を遣って過ごしている姿がうかがえました。

　思春期の子どもたちにとって友だち同士の結びつきは，自分の安定した居場所づくりには欠かせないものであり，危うさを含む分，とても気を遣うものでもあります。これまで張り詰めていた感情が溢れたのだと思います。時々，こうして感情を出してあげること，そして1の③のようにどうふるまうかを決め，その姿を見守ることが大事なのだとなみこさんに教えてもらいました。

　② 「レベルアップノート」で自己内省と気持ちを通わせる

　帰りの会で，今日の1日をふり返って書くことを行いました。これは①に関連した取り組みです。

学級目標にちなみ,「レベルアップノート」と名付けました。これは, 菊池省三氏の講座で学んだことをもとに, 自分で自分の言動をふり返り内省する, 互いの存在を認め合うことをねらって行いました。ノートは, B5サイズのノートを半分に切って使いました。時間や実態からこの学年の子どもたちにはB6の大きさがちょうどよいと考えたからです。
　学級だよりには次のように載せ, 保護者にも知らせました。

> 　今週から, 帰りの会に1日の自分の行動をふり返って感じたことを書く,「レベルアップノート」を始めました。自分の1日の頑張りをふり返っている子が多いのですが, 友だちとのかかわりについての記述も増えてきてうれしく思っています。毎日読むのが楽しみです。1日をふり返ることで昨日より今日, 今日より明日の成長へとつなげてほしいと願っています。

　毎日このノートを読み, コメントを書きました。友だちといる時間が最も大事な思春期の子どもたちにとって, 担任に「先生」と話しかけてくることは多くはありません。その日話せなかった子ともノートを通してやりとりができるので, とてもよいツールでした。
　その子の書いたことに共感し, 全面肯定するコメントを書きました。他の人には見せないという約束でしたので, できるだけ正直な感情を出してほしいと思っていました。何を書いてもよい, 考えていることを受け止めるというスタンスで行いました。また, 私自身も面と向かって話す時よりも自由に思ったことをそのまま書き気持ちを伝えていました。
　時には「親善音楽会の練習をふり返って」「校外学習で学んだこと」など, こちらから視点を与えて書かせたこともありました。
　自分自身や学校生活の出来事をふり返ることは, 友だちについて見つめる機会にもなります。友だちのよさ, 感謝したいことを書いている子も出てきました。そのような時は「そのような姿を見つけることができた〇〇さんの目がいいね。ぜひ, 伝えてね」とコメントしたり, 許可が取れれば, 黒板のメッセージに書いたり, 学級だよりに掲載したりして, つなぐようにしまし

た。
　③　習い事の試合や発表会に足を運び，応援する
　野球，陸上，バスケ，バレーなどの試合には都合をつけ，できるだけ見に行くようにしました。これは１の③の中の見守るに当てはまるでしょうか。
　６年生ということもあり，習い事でもレギュラーやスタメン出場をし，活躍する子が多くいました。その子がどういうことに関心をもっているかを確かめ，応援したいと思ったためです。
　グラウンドやコートで堂々とプレイする姿は頼もしく，緊張した顔はかわいらしくも思えたものです。そして保護者に混じり，大声で応援しました。後で「恥ずかしかったです」と言われようともお構いなし。
　ある時，頭の回転が速く，やんちゃなけいたさん（男子）の試合を見に行きました。グラウンドで会った保護者によると夕べ熱を出し，朝下がったので何とか出場した状態であるとのこと。そんな中で精一杯プレイする姿は，感動的でした。試合には残念ながら負けてしまったのですが，終わって，ベンチに戻り，涙にくれるけいたさんの姿を見た時は，胸がつまり何も声をかけることができませんでした。でも，最後まで戦った雄姿を見ることができた感動を後から「レベルアップノート」のコメントで伝えました。教室で見せる彼とは一味違った姿を見ることができました。
　試合や発表会に来てくれてうれしいと面と向かって言う子はあまりいませんでしたが，クールなみどりさん（女子）は，自学ノートに試合の翌日，「昨日は見に来てくれてありがとうございました」と書いてくれました。私も「サーブが決まったところなんてめちゃめちゃかっこよかったよ‼」とコメントし，やりとりをすることができました。その子の好きなこと，夢中になっていることを自分の目で確かめ，応援するということは関係づくりにとてもよい影響があると思っています。
　思春期の子どもの活動，活躍の範囲は学校にとどまりません。可能な限り，足を運び，関心を示し，応援していくことは大切であると思います。

④ 「今日のスター」で自尊感情を刺激する

　菊池省三氏の「ほめ言葉のシャワー」を講座や著書[*2]から学び，名前をアレンジした実践です。毎日，友だちからほめ言葉を浴びるスターを決めておき，色画用紙に何月何日，スターの子の名前と一言メッセージを書き，カレンダーを作っておきます。その日になると，スターの子に学級全員でその子の頑張り，よさを面と向かって言葉にし，言われた子も一言返すという実践です（詳しい実践は菊池氏の著書をご覧ください）。

⑤ 「ハートカード」でよさを見える化する

　この時の勤務校は，全校でよいところ，素敵な姿を「ハートカード」（写真1）に書いて渡すということを行っていました。それを継続しつつ，6年生同士でもハートカードを交換する機会をほぼ毎日，設けました。

写真1

　最初は私の方で「名簿の次の人」「隣の席の人」「縦割班で一緒の人」など書く人を指定しました。徐々に子どもに任せ，日直が決めるようになっていきました。書いたカードは，本人に面と向かって内容を伝えて渡します。もらったカードはためておき，貼ってコレクションします[*3]（写真2）。

　思春期の子は，教師や親などの大人に認められる以上に友だちからどう思われているか，認められたいという思いをもっています。この「ハートカード」は，自分の言動，頑張り，貢献を見える化する一つの手立てであったと思います。

写真2

　また，たまったコレクションを見て，感じたこと，考えたことを書かせました。これは自分の言動をふり返るとともに，他者が自分の言動のどの部分をどのように肯定的に評価しているかを客観視できる手立てでもありました。

　学級だよりには「今日のスター」に対して書いた，カードの内容を載せ，子どもたちと保護者に公開しました。この時，日直の子を載せる，名簿順に

載せていくなど，学級だよりにはできるだけ全員が同じ回数ずつ登場するよう配慮することがポイントです。

(2) 直球を投げずに我慢した高学年女子

　卒業式を見据え，いくつかのことを実施しながら，どの子ともそれなりによい関係をつくりたいと試行錯誤した１年間でした。

　しかし，対応に悩んだこともありました。11月の月曜日，ひなこさん（女子）が腹痛で学校を休みました。翌火曜日も腹痛を訴え，続けて欠席しました。１日の欠席は電話連絡，２日欠席が続いた場合は家庭訪問をする習慣になっている私は，帰りに家に寄ってみようと考えていたところ，夕方，保護者から連絡をいただきました。

　「娘は，学校に行きたくないと言っています。実は学校を休んだのは，腹痛ではないのです」と。

　大変ショックでした。お母さんのお話で女子の人間関係に原因があることがうかがえました。本人と話したいと思ったので，お母さんの許可をいただき，すぐに家庭訪問に行きました。

　幸い，ひなこさんは，訪問した私に会ってくれました。お母さんに話したことでずい分落ちついており，途中，泣きながら話してくれました。

　穏やかで物静かなひなこさんは，いくつかのことが重なって，女子の一部に嫌われているのではないかと思い悩んだようでした。私は，話を聴き，気が付かなかったことを謝りました。そして，「私に何かできることはない？」と聞きました。該当する子たちに私から話すこと，ひなこさんが直接，話す場を設けること，ひなこさんと最も仲のよいはるなさん（女子）に相談することなどいくつか具体例を挙げました。

　ひなこさんは，しばらく考え，「はるなさんには，話すかもしれません。他の人に話すかどうかは，はるなさんに会ってから決めます」と答えました。何か力になりたいのに何もできないことにもどかしさを感じました。

　翌日，ひなこさんは登校してきました。打ち合わせ通り，「腹痛，大丈

夫？」と声をかけると微笑みました。他の子には体調不良であること以外は話さないでほしいというのがひなこさんの願いでした。

その日は1日，どことなく落ちつきませんでした。ひなこさんを苦しめる原因をつくった子たちは自分たちの言動に何も気が付いていないなんて…と内心いらだちも感じていました。ひなこさんの様子も気になりました。

休み時間は，仲のよいはるなさんと一緒におしゃべりをする姿を見ました。けれど，特に私には何も言ってきません。とうとう，私は我慢できずに，昼休みにこっそりひなこさんに聞きました。

- 教師：「はるなさんに話した？」
- 子：「はい」
- 教師：「どうする？　他の人にも言う？」
- 子：「いいです。はるなさんに言ったから…」
- 教師：「何かできることある？」
- 子：「このままで大丈夫です。何もしないでください」

この時ほど，見守るだけの状態に，イライラが募ったことはありません。関係する子を呼び，はっきり迫りたい，早く解決したいという気持ちを抑えるのに必死でした。でも，これこそ，1の③の自分で決めさせ，見守ると言えました。何かしたい，せずにはいられないのが担任です。でも，本人が決めたことなら，悪化しないよう「見守る」ことも大きな手立てになることを学びました。

(3) 必要なことは伝え，あとはベンチで見つめる

卒業式が見えてきた3学期，総合的な学習の時間に学んだことを全校に発表する機会がありました。その年は「人とのかかわり」をテーマに，入学したばかりの1年生，これから入学する保育園の年長児，地域の高齢者と複数回にわたってかかわる中で，相手の望むことを考えて接すること，自分ができることについて考えることを学んでいました。

そこで，子どもたちに発表する日時，趣旨，願いを次のように語りました。

> 次回の発表朝会は6年生の発表です。6年生は総合で学んできたことをまとめて発表したいと思っています。時間は15分間。みんなでやるもよし，チームに分かれてやるもよし，です。学校の発表朝会のねらいは，その活動を通して何を学んだか，どのような点で自分たちが成長したかを下学年にもわかるように伝えることです。

　その後は，思い切って子どもたちに総合の時間を任せることにしました。これは，私としては大きな決断でした。私がしたことは，声をかけられた時に相談に乗ったことと，子どもたちが必要だといった物品の用意や写真を印刷したことくらいでしょうか。

　子どもたちは，学級委員を中心に話し合い，訪問先やテーマごとにチームをつくり，劇やクイズを取り入れて発表しようということに決めました。決めた後はチームごとに分かれて，準備を進めていきました。発表を2日後に控え，行ったリハーサルでは，互いのチームの発表に対し，「ここはわかりにくい」「もっとこうするといいと思う」といった意見が多数，出されました。

　私はそれを聞き，「よりよくなるために相手のことを思ってズバリと言い合えるその関係が素敵だなと思う」という気持ちを伝えました。

　同時に，「明後日の朝が発表だから，修正するとしたらもう今日と明日しかないよね。もらった意見を参考に，チームで相談して，できる限りの修正ができるといいね」ということを話しました。

　すると，最後の総合の時間以外にも休み時間に相談し，動きを修正する，道具を作り足すなどし，最後まで準備をしている姿が見られました。当日も伝えたいことを伝え，全校からのコメントにみんなで満足感を味わいました。ストレートを投げるだけではなく，変化をつけ，子どもに任せることで成功を

おさめ，子どもたちの成長を実感できた経験でした。

 ## 3 思春期指導の極意

　思春期の子どもたちに対し感情的になり，私の思いややり方を押し付けるようにガンガンボールを投げ込み，うまくいかなかったこともありました。それは，直球で，すぐに勝負をしようとしたためではないかと思います。思ったことを思ったままに伝える直球が必ずしもよいばかりではない，時には伝えるのを我慢し，タイミングを計る，直接出ずに見守るなどの「球種」を増やすことが必要だということを子どもたちが教えてくれました。

　私の考える思春期指導のコツは，次のことです。

> ①ゴールイメージを子どもたちと共有する
> ②子ども同士が互いに認め合うかかわりづくり
> ③自分で決めさせ，見守る

　これは，思春期の子どもたちだけに当てはまることではないと思います。ただ，思春期は，思春期前より，直球以外の勝負場面も増えるということを実感しました。野球でいえば，カーブやストレート，フォークなど「球種」を増やして勝負する，時には見送ることで見守ることに徹する…そんな指導スタンスをもつ必要があると言えるのではないでしょうか。

（近藤　佳織）

【参考・引用文献】
＊１　大渕憲一『思春期のこころ』ちくまプリマー新書，2006
＊２　菊池省三『小学校発！　一人ひとりが輝くほめ言葉のシャワー』日本標準，2012
＊３　赤坂真二『友だちを「傷つけない言葉」の指導』学陽書房，2008

8 反抗的態度の男子とのかかわり方

1 思春期の指導において大切にしていること

　高学年の担任をしていて，子どもとのかかわり方がわからなくなることがよくありました。数々の失敗を積み重ねてわかったことは，私らしく子どもとかかわるということでした。私はどんなに頑張っても，力で押さえることはできないし，向いていないということに気付きました。

(1) 私は「力で押さえきれない」からこそ

　力で押さえることに向いていないと気付かせてくれたのは，5年生で担任したA君でした。A君は4年生の時，「学級を崩れさせた中心人物」と見られていました。担任の女性の先生の言うことは全く聞かず，よく教室を飛び出していました。その後を引き継いで私が担任しましたが，彼の姿に驚きました。ちょっとしたことですぐにキレてしまうのです。

　林間学習に向けてみんなで歌の練習をしていた時のことです。A君は一人，ふざけて歌詞を変えたり，わざと大きな声を出して練習の邪魔をしていました。私が「ちゃんと歌おうね」と注意すると，表情を一変させて怒り出しました。「なんでやらないかんの？」「死ね」「うざい」「消えろ」と暴言を吐きまくり，暴れ出しました。

　こういう出来事が毎日，毎日繰り返されました。A君は家庭環境に恵まれず，つらい日々を送っていることもわかっていました。その苦しさを人を傷つける言動で精一杯表現しているのも理解していたつもりです。家庭訪問も何度も行いました。でも，学級づくりもA君との接し方も未熟だった私は，A君の

「死ね」「うざい」「消えろ」
の言葉にだんだん心がすさんでいくのがわかりました。Ａ君と向き合うのではなく，この「死ね」「うざい」「消えろ」の言葉と向き合うようになっていました。そして私自身がキレてしまったのです。
　授業中，Ａ君は教科書も開かず，後ろの席の子に話しかけていました。
　「Ａ君，前を向きなさい」と声をかけると，Ａ君はいつものようにキレ始めました。その様子を見ていた私は
　「もういいかげんにして‼」
と，心の中の声をすべて出してしまったのです。言い合いになり，飛びかかってきたＡ君を押さえながら，ふり返ると，他の子どもたちが机ごと教室の隅に移動していました。私とＡ君のやりとりを見て，怯えて泣いている子どももいました。その様子を見て，（ああ，やってしまった）と自分の間違いに気付きました。
　私は内心，「もうどうしようもなくなったら自分の気持ちを全部ぶつけてしまおう。相手は子ども。大人の私が負けるわけがない」と思っていたのです。でも，実際にＡ君とぶつかってみてわかりました。私が声を荒げれば荒げるほど，Ａ君の言動はおさまるどころか，より一層激しくなっていきました。Ａ君は今までずっとキレることで自分を表現して生きてきたのです。キレ慣れていない私が，Ａ君を力で押さえることなどできるはずがないのです。Ａ君にはかなわないと思いました。

　　力を力で押さえない。私には押さえきれない。

　このことにＡ君は気付かせてくれました。
　しかし，力で押さえられなくても，駄目なことは駄目だと伝えなくてはいけません。力でも押さえられない，話も聞いてもらえないでは，どうにもなりません。つい感情的になって私の気持ちを押しつけて，子どもに背中を向けられたら困ります。そうならないために，次のように指導するように心がけています。これは，悩んだ時に職場や勉強会でベテランの先生に教えても

らったことです。

> ①話をよく聞く。
> 　子どもが「この先生にだったら話そう」という気持ちになっているので、とにかく聞きます。話を聞いていて、（それはどうかなあ）と思っても、否定せず最後まで聞き通します。
> ②気持ちについては理解するように心がける。
> 　「腹が立ったんだよね」「断れなかったんだよね」「みんなにわかってほしかったんだよね」「すごく嫌だったんだよね」など、声をかけます。もしかすると、子どもはそんなふうには思っていないかもしれません。様子を見ていて、（怪しいな…）と感じる時もあります。でも、「先生は信じている」という気持ちを言葉や表情で全面に出します。
> ③間違った言動について指導する。
> 　「気持ちはわかるよ。でもね、やったことはよくなかったよね」と伝えます。子どもが納得したのを確認してから、これからどうしたらいいのかを一緒に考えます。場合によっては、一緒に謝りに行くこともあります。

　ある程度の関係ができていれば、このような指導もできますが、ここまでもっていくことが難しいこともありました。

(2) **一人で頑張らない**
　① 反抗された時
　6年生を担任していた時のことです。隣の学級のB君が給食の準備中に廊下を走り回っているのを見かけました。B君を呼び止め、「今、何の時間？ 給食の準備をしなさい」と注意をしました。ところがB君は私とは目線を合わさず、だらっと立って、へらへらと笑っていました。その様子を見て腹を立ててしまった私は「その態度は失礼でしょ!!　給食の準備をしなさい!!」と叱りました。そんなやりとりがしばらく続いた後、B君の顔色がさっと変わったのがわかりました。急に真面目な顔になって、真っ直ぐに立ったので

す。（あれっ）と思い，後ろをふり返ると，主任の男性の先生が怖い顔で立っていました。その先生が「何の時間だ」と一言言っただけでB君は，さっと給食の準備を始めました。

② 集団で反抗された時
　それからしばらくして，学級対抗球技大会があり，B君のいるチームの審判を私が担当しました。その日の授業後，B君がチームのメンバーを引き連れて私のところに来たのです。「先生の審判が納得いかない。先生のせいで負けた」と，私を取り囲んで責めてきました。どれだけ聞いても納得しません。私が「じゃあ，どうしてその場で言ってくれなかったの？　今頃言われてもどうしようもないよ」と言うと，「だって，そういう雰囲気じゃなかったし」「試合を止めたらいけないと思って」と上手にかわします。子どもたちと話しながら気付きました。子どもたち全員が，試合結果に納得していないわけではないのです。一人一人に聞いていくと，「自分はそこまで思っていない」と言うのです。B君が周りの子どもを巻き込んで，言いやすい私に不満をぶつけてきているんだなと思いました。不満は試合に負けたことなのか，教師に対してなのか，その他のことなのか，その全部なのか，それはわかりません。でも，B君にとっては同学年の教師の中では，私が一番言いやすかったのだと思います。

③ 限界をわきまえる
　どちらの出来事も，私にとってはショックなことでした。B君との出来事を通してわかったことは，人を見て態度を変えることや言いやすい相手に自分の気持ちを理不尽な内容でぶつけてくることでした。でも，私が力で押さえることはできません。隣の学級のB君と私は関係ができていないので，話を聞いてもくれません。そこで助けてもらったのは，学年の先生方でした。「役割分担をしよう」と言ってくださったのです。「あなたは子どもを叱る時に，子どもの気持ちに寄り添いながら，なぜその言動が駄目なのかを話して

いるよね」と私のよさを見つけてくれていました。

　それからは，私がB君と向き合う時には，主任の先生がさりげなく後ろに立っていてくれました。B君が私の話を聞ける状況をつくってくれたのです。B君も初めは，主任の先生の姿を見て反省しているふりをしていました。でも，繰り返していくうちに，涙ぐむ姿も見られるようになっていきました。それは，私の話が伝わるようになったことで，私とB君の間に関係ができたからだと思います。

　B君とのかかわりを通して次のことがわかりました。

> 一人で頑張らない。困ったら助けを求める。

(3) 頼ることは恥ずかしいことじゃない

　私は子どもの指導において，誰かに頼ることは恥ずかしいことだと思っていました。周りの先生に，子どもの指導ができないと思われたくなかったからです。でも，私一人の力では限界があることに気付きました。関係ができていない子どもの中には，見た目や雰囲気で私のことを判断して，あからさまに反抗的な態度で表現してくる子もいます。私の話をきちんと聞ける関係ができていれば，私一人でも指導できるのですが，そこまでもっていくことが難しい時もありました。その時は，周囲の先生方に状況をわかってもらい，助けてもらえばいいのだと気付きました。そのためには，日頃から職員間で情報交換をしたり，悩んだ時に相談したりすることが大切だと思います。

2　思春期の具体的指導

(1) 反抗的態度の男子との具体的なかかわり方

① すぐキレるC君

　6年生で担任したC君は，4年生の時に学級を崩れさせた中心人物でした。4年生の頃，教室の前を通るとC君がよくロッカーの上に乗っていました。

「降りなさい」と注意すると,「うるせえ,クソババア」と言ってキレていました。私が担任した時には,随分落ちついていましたが,気に入らないことがあると突然キレてしまうのは変わっていませんでした。
　C君の指導方針として

> ・力で押さえてキレさせないこと。
> ・ここぞというタイミングを決めて勝負すること。

としました。今までの積み重ねから,学級の子どもたちの中で「C君＝キレる子,乱暴者」というイメージがついていました。そのイメージを少しでも改善していきたかったからです。
　しかし,C君はわざとルールを破る行動をします。授業中に机の下でマンガの本を読む,教室移動の時に並ばず遅れる。気分が乗らない授業の時は,近くの席の子どもの邪魔をするなど,他の子どもたちにしてみたら,なんでC君だけそんなことしているの？と思うようなことです。キレさせたくなくても,駄目だと言わなくてはいけない場面がたくさんありました。何も言わずに放っておけば,周りの子どもたちが納得しません。でも,ここは勝負するところではないと思っていました。C君のルールを破る行動には,さりげなく「やめようね」と声をかけることにしました。それでもやめない時は,「他の子だってやりたいよね。一人だけいいのかなあ」と,周りの子どもたちに目を向けさせるようにしました。C君は自分勝手なことをしてしまうのですが,学級の子どもたちから,自分がどう思われているのかをとても気にしていたからです。自分がキレると,周りの友だちが距離を置いてしまうことに気付いていました。

② 勝負の時
　C君は運動が好きで,野球部に所属していました。恵まれた体格から,練習に参加すればレギュラーになれると顧問の先生からも聞いていました。しかし,こつこつと努力することが苦手なC君は,毎日練習に参加することが

できなかったのです。サボり始め，部活に行かなくなってしまいました。私は好きなことは頑張らせたいと思い，ここで勝負しようと決めました。そして，事前に同学年の先生たちに伝えるとともに，次のことをお願いしました。

- ・C君がキレた時，私一人では押さえることが難しいこと。
- ・その時は，助けに来てほしいこと。
- ・ただし，C君の気持ちを力で押さえないでほしいこと。

授業後，部活の用意を持たずに帰宅しようとするC君に
「部活は？　行かないの？」
と声をかけました。C君は，自分でも後ろめたさを感じているからか，
「行かん。うるさいなあ」
と不機嫌になりました。私も，いつもならここで引き下がりますが，
「ねえ，ちゃんと話そう。このままじゃレギュラーになれなくなっちゃうよ」
とC君を引き留めました。その瞬間にC君はキレました。私につかみかかってきたC君の様子を見て，同じ学年の男の先生たちが助けに来てくれました。私の一人の力ではどうにもなりません。こうなることは予想がついていましたし，

大きな声を出して押さえようとするのは絶対にやめよう

と決めていました。
「落ちつこう。大丈夫だから。先生，ちゃんと話聞くから」
穏やかな声で繰り返し声をかけました。助けに来てくれた先生たちも，静かに見守り，私たちに危険がないように配慮してくれました。そして，C君が落ちついたところで2人にしてもらいました。

私：「C君。最近，部活に行っていないんだよね？　部活で嫌なことがあった？」
C：「…」

私:「面倒くさくなっちゃったかな？ 行きたくない時もあるよね」
C:「…」
私:「顧問の先生，C君のこと肩が強くてすごくいいって言ってたよ」
C:「…」

　何を話しかけてもC君は一言も話しませんでした。それでも，C君の行動を否定せず，できるだけ気持ちに寄り添うように声をかけました。

> **最後まで寄り添う。**

　中途半端に「もういいよ。終わりにしよう」とは言わないと決めていました。
　2人で黙って4時間教室で過ごしましたが，結局，この時は時間切れでした。家に帰す時間になってしまったからです。家に送りながら「先生，C君の試合の応援に行きたいな」と私の気持ちを伝えました。この時も，C君からの返事はありませんでした。
　この出来事でC君が劇的に変わったわけではありません。部活もよく休んでいましたし，今まで通りルールを破る行為も繰り返されました。少し変わったことは，ルールを破る行為をしているC君を見かけた時に，「C君，やめようね」と声をかけたり，何も言わずじっと見つめていたりすると「うっとうしいな」とぶつぶつ言いながらも，やめるようになったことです。そして，少しずつキレることも減っていきました。

> 先生は簡単には許してくれない。
> でも，最後まで寄り添ってくれる。

　C君にそう思わせることができたのだと思います。今回の事例は今までの失敗から学んだことを活かし，次のことに気を付けてC君とかかわりました。

・「C君を力で押さえない」ということを学年の教師全員で共通理解していたこと。

- 一人で頑張らずに助けを求めたこと。
- C君の気持ちを理解するように心がけ、最後まで寄り添うようにしたこと。

　C君のとても小さな変化でしたが、私にとっては大きな変化でした。なぜなら、C君のキレる回数が減ったことで、学級の子どもたちはC君を受け入れるようになっていったからです。そして、学級に自分の居場所を感じることができたC君は、さらに落ちついていきました。

(2) 子どもとの関係づくりのために

　こちらがきちんと話をしたい時に、「あ、先生は真剣だ。ちゃんと聞かなきゃ！」と子どもが思える人間関係ができていればいいのではないかと思います。このような人間関係をつくるために、1年を通して取り組んでいることがあります。

　それは、「先生聞いてノート」と「先生聞いてタイム」です。「先生聞いてノート」は3行日記で、私と子どもとの交換日記です。「先生聞いてタイム」は、5分程度2人きりでおしゃべりをする活動で、学期に1回行っています。取り組むまで私は、「高学年の男子が私と2人っきりでおしゃべりなんてしてくれるのだろうか」と思っていました。ところが、毎年「先生。俺の番いつくるの？」と聞いてくる男子がいて、私の方がちょっとびっくりしています。

　「先生聞いてノート」も「先生聞いてタイム」もとてもシンプルで特別なことは何もしていません。そして、行ったことで、すぐに何かが変わるわけでもありません。子どもにとって困ったことが起きた時に、私に相談できる手段の一つになればいいと思っています。また、大切なのはこの活動をどう活かしていくかだと思います。何か問題が起きた時に、この二つの活動を組み合わせることが効果的です。

　「先生聞いてノート」に悩みを書いてくる子どももいます。その時がチャンスです。すぐに私の考えや解決策を書かずに「悩んでいるんだね。先生が

○○さんと話したいから，明日お話タイムどうですか？」と返します。そして次の日，その子どもに声をかけます。高学年になると子どもたちは「先生に呼び出される＝何か問題があったに違いない」と周囲に思われるのを嫌がるため，声をかけるタイミングにとても気を遣っていました。でも，一言「今日お話タイムどう？」と声をかけるだけで済みます。周囲の子どもたちも「ああ，お話タイムね」と思うだけです。

「お話タイム」では，じっくりと子どもの話を聞いて，一緒に解決策を考えます。私としては，悩みを聞いたら解決しなくてはという思いから「先生が言ってあげようか？」「先生にしてほしいことは？」と尋ねるのですが，子どもは話すとすっきりするようで「大丈夫」と言って帰っていくこともあります。大切なのは，この後も継続して声をかけ続けることだと思います。「あれからどう？」「大丈夫かな？」と声をかけることで子どもは，「先生は自分のことをちゃんと見てくれている」と思い，信頼関係ができていきます。

(3) 自分らしく子どもとかかわる

　子どもたちが私に求めているのは，話を聞いてくれる先生，最後まで寄り添ってくれる先生なのだとわかって，高学年の子どもたちとかかわるのが随分楽になりました。子どもとの関係は，何か一つのことをしたからといって劇的によくなることはないと思っています。でも，一つ一つのことを丁寧に積み重ねていくことで，少しずつ変わっていくのがわかります。そして，子どもと教師の関係がうまくできていれば，子ども同士の関係もつなぎやすくなると思います。子どもも，信頼している教師から「楽しいからやってみよう」と言われたら「先生がそう言うなら，ちょっとやってみようかな」と思えるはずです。子どもたちからそう思ってもらえる存在であるために，私も目の前の子どもたちとしっかりと向き合っていきたいです。

（白根　奈巳）

9 まずは自分が思春期にならなきゃ!!

1 思春期の指導において大切にしていること

「思春期の子ども」という意識はしたことがないです。なぜなら，中学生は思春期で当たり前だからです。全員が犬も食わない？思春期真っ只中です。

そんな仕事を長年やっていれば，自分が誰よりも思春期の子どもの心理状態です。たかだか思春期を4～5年しか経験していない子どもたちに負けるかい!!くらいの気概です。また，目の前の子どもたちと同じ思春期を，我こそが人生において通り抜けてきたのです。目には目を。思春期には思春期で応戦というわけです。冷めた大人の心理状態は有害でもあり得ます。

必要なのは思春期同等の鋭い感受性と，生徒たちが逆立ちしたってかなわない人生経験です。たとえ20代の若い教師であっても，受験をくぐり抜けたことはあるか？　一人暮らししたことはあるか？　恋愛して失恋してご飯も食べられなかったことはあるか？　就職したことはあるか？　お金を稼いだことはあるか？…など，15年にも満たない人生の何倍も，私たち大人は人生経験を積んでいるのです。何もひるむことはありません。

生徒と同じ気持ちを共有しながら，大人としての経験値と叡智で生徒たちを導くのです。あまりにもドラマチックな仕事ではあります。その分，共に苦しみ，ぶつかり，泣き笑い怒り，喜び合うタフな体力は絶対必要条件です。失敗あり，成功あり，苦悩あり，感動あり，素晴らしくむき出しの日々をふり返ってみます。

2 思春期の具体的指導

(1) 大大失敗！
① 嗚呼，大失敗

　ずいぶん前の卒業生に，Aという男の子がいました。最初ガンガン介入して，全然うまくいかず，さらに状況は悪化し，できるならかかわりをやめたいとも思いましたが，担任なので逃れようもなく，見守らざるを得なかったAです。彼は卒業する頃，別人のように穏やかな顔をし，私に感謝の言葉を述べ，抱擁までして涙のお別れをした生徒でした。
　そのAとの具体的交流の場面を書きます。

◆**先公なんて大嫌いだ!!**
　中2になって初めて担任したAでした。いろいろと問題傾向をもつ生徒だということは申し送りされていました。それが新学期始まってすぐに露見することになります。男性の先生の前と女性の先生の前では態度が違う。女性の先生の授業では教科書も出さずに本を読んでいる。注意も聞き入れない。自分よりも弱い立場にある生徒をからかう。「ふざけ」と称して暴力をふるう。自分自身も強い立場の生徒からからかいの対象にされていました。
　ある生徒が不登校気味になり，Aからの悪ふざけが原因だとの訴えに事情を聞いた時のことです。「あなたがそうするのは，自分も誰かからそうされるからでしょう？」という私の言葉をAは完全に否定しました。直感的に痛いところを突かれたと思ったのだと思います。Aの家庭は複雑な環境で，暴力に身をさらされることも多々あるということを，私は後になって知ることになります。そのことを誰にも話さずにいたAは，いきなり傷口に触れる私を「危険人物」と見なしたのだと思います。
　それからというもの，Aは私が近づくと，まるで磁石のN極とN極のようにむきになって遠ざかっていきました。私に対する反抗的な態度も目立って

きました。女性の先生への態度や弱いものいじめ等の態度も改まりません。もちろんことあるごとに呼び出し，注意を与えましたが，まっすぐに話は聞かず行動が変容することはありませんでした。Aが興奮して「先公なんて大嫌いだ！」と叫び，「そんなことを言うあなたは私も嫌い！」と叫び返したこともあります。Aは私の感情を荒立たせる天才でした。できるならこの子とかかわるのをやめたい。でも，2年3年とクラス替えをしない学年方針では，私が学級担任を降りない限り，Aとの関係は逃れられないのです。

　ある意味，Aと対等に思春期を張っていた私でした。

② 大人の経験値と叡智を働かせる
◆Aの作戦
　Aといるとどうしてもムカムカし，落ちついた気持ちでいられないと思った時，「ああ，それがAの作戦だ」と気が付きました。人生経験，学びが気が付かせてくれました。

　Aはおそらく，無意識だったとは思いますが，私の神経に障ることをわざとして，私の注目と承認を得たかったのだと思います。「すぐ介入する」私には，問題児になることが一番の近道だと直感で感じとったのだと思います。Aは承認を得ることがかなわなければ，せめて注目だけでも引こうとしていたと考えられます。無視されるのだけは耐えられない…そんなAの叫びが聞こえてきそうです。

　そしてもう一つ。Aは家庭で怒りをためながら，そこでは決してそれを表すことができずにいました。それをしたら見放される，もっと状況が悪化すると思っていたに違いありません。それを出せる学校で，特に，逃れられない，決して見放すことができない担任の私のところに吐き出していたとも感じました。毒は天に向かっては吐けないのです。受け止めてくれる人が必要なのです。しかし，毒を吐きかけられるのはやはり，正直に言ってとても嫌なことでした。

③　放っておく
◆作戦に乗らない！
　Ａの作戦に気が付いてから，神経に障るようなＡの言動から私は意識的に目をそらしました。全体に迷惑がかかる行為だけには注意を与え，それ以外の腹立たしい言動や態度からはできるだけ距離をとりました。近づけば，よくない感情が必ず湧き起こることがわかっていたからです。「見守る」などという高尚な気持ちからではなく，「避難」していたという方が本当のところです。それからの私は，クラス経営に没頭しました。Ａの嫌な言動に我慢ならない時には「腹立つ‼」と吐き捨てたりもしながら（素直な感情を表現したと思っていますが…），クラス（もちろんＡも含めた）との時間を楽しみました。それがＡと私の気持ちをクールダウンさせ，お互いの思いを少しずつ受け取れる状況にしていったことは確かでした。

④　思春期には思春期で
◆どうせあんたも助けてくれないんだ！
　３年になって，Ａは私に対して険しい表情をしながらも，教育相談の時に自分の厳しい家庭環境を話してくれました。「どうせあんたも何にもできないし，助けてなんかくれないんだ！」。涙をためて拒否的な態度と言葉を使いながら，私に自分の苦しみをぶつけ，本当は助けてほしいという胸の内を明かしてくれたのです。私はそれまでもＡの厳しい家庭環境について彼の親とぶつかり合ったことがありました。「あんたには関係ない！」とＡの親に怒鳴られながらなお，食い下がったこともありました。私の方こそ捨て身の思春期でした。
　Ａのその言葉は，それでも状況が変わらないこと，それでも私が味方なのだ？と感じたこと，もしかしたら，「先生好き」と言っていたのかもしれないと，今になっては思います。しかし，その時は全身ハリネズミ状態のＡに刺されないように，私は身を縮めていることで精一杯でした。

⑤　思春期の大人として

　今こうしてふり返ってみると，私を苛立たせるAの態度や言動から避難しながら，私はAにとって必要な戦いをしていたと言えます。
　一つはAの毒を人に迷惑をかけない範囲内で，十分に吐き出させたこと。もう一つは，Aがしたくても自分ではできない親との戦いを，Aのためというより，私自身が我慢できずにしたことです。思春期真っ只中の私です。結果が出ないとしても自分のために戦う私を，Aはどんな気持ちで見ていたのか今なら感じることができます。
　Aには近づきたくはありませんでした。しかし，こんなにAから目と心を離さなかったということを，今この文章を書いて気付きました。大人として，人生の先輩として，この時は気付いていなかったかもしれませんが，Aにとって必要なことを捻出させられたかのようです。

⑥　やっぱりAはわかっていた
◆先生，ごめんなさい
　その後，Aの反抗的な態度は影を潜め，授業も真面目に取り組むようになりました。Aの笑顔が増え，孤立がちだったAには友だちも増えました。
　卒業が近づき，進路を早めに決めたAは，余ったプリントで不思議な折り紙を始めました。ピラミッド型のそれは，一体何なのか最初はわかりませんでした。たくさん同じようなものを折るA。…ある時それが折り紙で作る「手まり」のパーツであることに私は気が付きました。そのピラミッドを集めると折り紙の「手まり」ができる。Aがなぜその折り方を知っていたか真実は聞きませんでしたが，Aが生まれてから小学校の前半までの，父母から離れ預けられていた九州の祖母との暮らしの中で覚えたものだと想像がつきました。
　私はそれを見て泣きました。Aは折り紙が欲しいと私に言いました。私はAに欲しいだけ折り紙を渡しました。たくさんたくさん折って，徹夜で折って，Aは「手まり」をいくつも作りました。そしてそれをお世話になった人

たちに渡し，卒業していきました。私にも「先生，嫌なことをしてごめんなさい」という言葉を添えて赤い「手まり」をくれました。

⑦　失敗ではなかったみたい

私がしたことを整理します。

①まず注意を与え，こちらの気持ちも伝える。その際に，行動を選択しているのは自分であり，責任も自分にあることをはっきりと伝える。
②不適切な行動を選択した場合，行動の結果を引き受けさせる（保護者連絡など）。
③それでも改まらない場合は，周りに迷惑がかからない限り放っておく。
④その生徒に必要な環境を調える方向にエネルギーを注ぐ。
⑤適切な行動は大いに認める。

今回この文章を書いてみて感じたことは，あんなに「嫌なやつ」と（多分お互い）思っていたのに，していたことは愛情の交換に違いなかったということです。

むき出しの感情でかかわるのは危険が伴います。しかし，生徒が一番求めているものかもしれません。むき出しの感情を伝えること（思春期と対等にやり合うこと）は，その生徒に深い関心を向けることで「対等な相手」として認めていることでもあります。わかりにくいシチュエーションではありますが，こちらからの愛情であることに他なりません。

それが愛情であることを，大人である私たちがきちんと知って軸をぶれさせなければ，危険は回避されるものです。

(2)　ほこりはばんばん出さなくちゃ

思春期が束になって座っているところ，それは教室です。思春期は「素直じゃない」「人の目が気になる」「ピアプレッシャー（周りに合わせ自分を主張できない）」…などなど，全く何事も藪の中です。特に本当の気持ちは。

そこをはっきりと共有できれば，巣窟の？教室に風が通り正義が通るのです。その風の通し方を紹介します。

① 明るく大きな声で指摘する

例えば誰かが掃除をさぼっていたら，真剣な顔で呼び出し注意を与える（昔よくやっていました…今でも時々）前に，明るく大きな声で「あれ～～～？　いいのかな，いいのかな？　Bが掃除さぼってるみたいだけど，そんなことしてもいいのかな？」。この声でBは「…ですよね，ですよね」と慌てて真面目に取り組み始めます。周りは爆笑。あたたかい雰囲気が流れます。

もちろん適切な行動をした時も明るく大きな声で，ほめるのではなく，認めます。「Bが○○してくれている。うれしい！　ありがとうね」。周りは笑顔で「さっすがあ～！」と乗ってくれます。

これを「すごいね」「素晴らしいね」など持ち上げる（ほめる）と，思春期は素直な反応が返ってこないこともあります。「べつに！」とはねつけられたりもしたりして，二度と適切な行動をしなくなることもあります。やって当たり前のことをほめられるのは，かえってプライドを傷つけることにもなりかねません。

② 気持ちをみんなで共有する

教室で繰り広げられるいろいろな出来事は，かかわっている人は個人ですが，みんなが見ていることなので，全員が当事者であることを忘れてはなりません。なぜそんなことになったのか，ことの成り行きはどうなったのか。教室で起こったことについて，みんな知りたがっています。それはただ興味本位な気持ちではなく，仲間である以上無関心ではいられないからです。

ですから，当事者に許可を得て，なぜそのことが起こり，どう決着がついたかをクラス全員に話して聞かせることが肝要です。藪の中にしない。風を通すのです。

Cが教室のガラスを割りました。とりあえず段ボール紙で真冬の寒風を防

ぎます。それでも教室は凍え，迷惑そうな生徒たち。
　当事者同士の話を終え，事情をみんなに話す許可を取ります。

　　「DがふざけてCの股間を触ったんだって。Cが怒ってDの股間を触り返した。…爆笑だよねえ。何やってんのって感じ。で，2人でちょっと本気で取っ組み合いになり，DがCを押したら肩がガラスに突っ込み，パリンといったんだって。制服の肩が切れたけど，Yシャツまでにはいかず，けがはなくてよかったです。DはCに謝ったよ。Cもわかってくれて，『俺がやったかもしれないし』と許してくれました。
　　まずね，ふざけることって面白いけど，危険なものの周りではやらないんだよ。もし角度がちょっと違ってCの首にガラスが当たっていたら，とんでもないことになっていた可能性が大きいんだよ。ちょっとふざけて…では済まされない，命にかかわることになったかもしれない。そうなったらCもDも大変だったんだよ。それから，股間を触るなんてこと，しちゃダメでしょ。笑ってるけど，体の最も大事で弱いところの一つなんだから。もしものことがあって，生殖機能が失われたりしたらその人の人生に責任もてるの？　体でふざけては絶対にダメ。そこは2人とも反省しています。それからCとDは，真冬にみんなにこんな寒い思いをさせているんだから，ちゃんとみんなに謝りなさい（CとDは教室の前に出てきて『ごめんなさい。もうしません』と謝りました）。みんなは，わかったら『いいよ』って言ってやるのが人の道だよ（みんなが『いいよ』と言います）。はい，これで一件落着。
　　でもね，こんなこと，CとDじゃなくて，あなたがやったかもしれないよね。あなたが痛い思いしないで学ぶことができたんだから，CとDに感謝だね」

　その後女の子たちが「先生寒いからコート着ていいですか？」と言います。「いいよ〜。寒くないようにして授業受けてね」と言うと，コートを着たりマフラーをしたり，まるで屋外で授業をしているよう。「ここは冬山だ，寝たら死んでしまう！　歯を食いしばれ!!」などと言い，爆笑のあたたかい空気になりました。

③ 時々ほこり出し

　こんなことが複数回あると，ぐっとクラスの風通しがよくなります。何でもオープンに話し合える雰囲気ができてくるのです。この雰囲気ができると，クラスに陰湿な部分がなくなり正義が真ん中を通るようになってきます。ここまでくればしめたもの。

　さらに一押しします。「事件」にならなくても細かいほこりはだんだんたまってくるものです。そんな時は必ずクラスの生徒が私のそばでボソッとつぶやきます。「最近〇〇たちが，授業中私語がうるさくて迷惑」などと。「あとは？」と聞くと「△△は授業中本読んでる」「掃除を真面目にしない」など細かいほこりが舞い始めます。

　そんな時は直近の学活の時間などを使って，「さて，そろそろほこり出しするかなあ…」と言うと，「え～～～‼」と悲鳴。「なになに，ほこりが出そうな人は自覚してるんだね？」「俺なんか１kgぐらい出そう」「わかったわかった，じゃあ覚悟しな」。みんな何が始まるかわかりきっています。

　「みんな机に顔を伏せて」と言うと素直に顔を伏せます。「ほこりの出そうな人に手を挙げてね。まず，〇〇…（担任は名簿順に名前を言い，生徒は何か改善してほしい人に手を挙げます）。「がさごそという音で，誰に手が挙がっているかわかるよ」「そう，じゃあ顔を上げて」

　「まず，△△，何があるの？」。他の生徒が「授業中本読んでます！」「そうそう，特に社会の時間！」。爆笑です。「△△，もう二度とするなよ！」「は～い」「次，××は？」

　言い出しにくい雰囲気があったら担任が「理科の実験で何もしないでほっつき歩いて他の班に迷惑かけてるって聞いたけど，い～んですか？」と水を向けます。「はい！　すみません‼」「みんな迷惑してんだよ！」「ごめんなさい，もうしません‼」…こんなふうに挙手のあった生徒全員のほこりを出していきます。全部終わった後，「あとねーか？　悪い子はいねーか？」と，なまはげのセリフでキメます。

　このほこり出しの後，みんなすっきりとした笑顔です。ダメなものはダメ。

いけないことはいけない。いらいらしながらも我慢をしていた生徒たちは，自分で仲間に直接言えなくても，こうやって自分の気持ちを伝えることができます。そして，次には自分で言うぞという気持ちをもつことができます。クラスでは正義が勝つことがわかったからです。すべて日の目を当てれば正義は勝つに決まっているのです。絶対に陰湿な部分を残さないことがポイントです。

④ 生徒を信じること

こんな荒っぽいことして大丈夫かな？ 保護者から文句が来ないかな？と心配になった人もいるでしょう。

大丈夫。今まで一度もクレームが来たことはありません。生徒たちが納得しているからです。みんな見ていてみんな自分の権利を主張できてみんな仲間を尊重しなければならない，という土壌があるからです。つまり，クラスに力関係がないからです。みな対等にクラスに存在できているからです。

そこまでするのが大変，と思う方も多いでしょう。大丈夫，生徒を信じることです。力関係で結ばれた人間関係は，実は，生徒どころか何人も居心地がよいとは感じきれないものです。対等で率直な気持ちの交流。これこそが最高に心地よいのだということを経験させれば，力関係など目ではないのです。

その経験をさせるために，まず教師が力関係を生徒と結ばないこと。生徒と対等な心地よい関係を結ぶこと。この体現なしで，生徒間に風通しのよい率直で対等な関係は築き得ません。

人として何人も対等。権力は不要。むしろ関係を破綻させるものであることを肝に銘ずることです。対等な関係の下で，尊敬や愛情が生まれることは明白です。

（堀川 真理）

10 心は「姿」に顕れる

1 思春期の指導において大切にしていること

(1) ありのままを受け止めること

　私が思春期真っ只中の中学生に向き合う時に大切にしていることは，

> 真正面から，その子のありのままを受け止めること

です。中学生は義務教育の最終段階に入り，大人として社会に向かうために様々なことが大人と同様程度に求められるようになります。

　学校でも，「社会に生きる一人の人間」としてどのように考え，どう生きていくのかを考え，それに向けて一歩一歩着実に努力を積み重ねていくことを指導していきます。

　それと同時に，自分は何者かということを考え始め，自分や周囲の人々を客観視するので，他者の視線を必要以上に気にして，外見的な見た目を気にしたり，外見と内面の差異に自問自答したりするようになります。

　まだ，子どもと大人の狭間である中学生にとって，「まだまだ自分は大人ではない…」という思いと「子ども扱いするな…」という感情が行ったり来たりします。ですから，その感情に寄り添っていくことが必要であると感じます。

　感情に寄り添っていくこと，それは，その生徒の姿をありのまま受け止めるということであると考えます。

(2) 自分のものさしや理念をかざし，押しつける教師

　私がありのままを受け止める必要性を考えさせられるきっかけとなった出

来事がありました。

　私にとって現任校は，初めての中学校現場でした。それまでは，ずっと小学校勤務が続いていたので，中学校に勤務することがわかってからは

> 中学生になめられないように，とにかく厳しく接していこう

と決めて，初めての学級（中２）を受け持ちました。

　そのクラスにA子という生徒がいました。A子は一見すると，非常に真面目で大人しそうな印象の生徒でした。しかし，人の好き嫌いが激しく，好意的に感じる教師や友だちには屈託のない満面の笑みでコミュニケーションを図っているのですが，その一方，敵意を感じた場合には，その顔から一切の表情が消え，まるで能面のような顔で反応は返事だけしかしないというように，態度が両極端な生徒でした。

　彼女が１年生の頃の話です。担任の教師とは非常に良好な関係で，好意的な態度で過ごしていました。しかし，その担任が産休に入ってしまい，代替の教師が担任になると，全くコミュニケーションをとらなくなりました。毎日担任に提出する生活ノート（翌日の連絡と出来事を綴る連絡帳のようなもの）の過去のページを，ホッチキスですべて留めて見られなくしてしまったほどだったそうです。

　そんなA子を担任した私は，とにかくA子のできていないところを見つけては「生活ノートが出ていないよ。早く書いてすぐに出しなさい」「提出物を早く出しなさい。出していないのはあなただけだよ」などと，すぐさま注意し，厳しく指導することを繰り返していました。

　小学校に勤務していた経験上，「中学生なんだから，これくらいはできて当たり前だろう」「これくらいのことができなくてどうする」といった思いを常にもっていたために，このような指導をしたのだと思います。

　それ以外にも，授業態度はもとより，給食を食べる姿勢や食器の片付け方，掃除の仕方など，日常生活の至る所にまで，とにかく細かく指導していました。

新学期から47日目。事件が起こります。
　その日は1学期の中間テスト。教室の黒板には「テストの心構え」という拡大されたプリントが貼られていました。私が学活前の朝学習の時間にその紙を何の気なしに動かすと，その後ろには私を中傷する言葉が大きく書かれていました。
　一瞬，私は何が起きたのかが理解できませんでした。しかし，すぐに怒りの感情が湧いてきて，その場で「今日は1日，これを消さずにテストを受けろ！」と怒鳴り，教室を飛び出しました。
　その日のテスト終了後，状況を見かねた学年主任が間に入って生徒に話を聞いてくれましたが，誰が書いたかはその時はわかりませんでした（後日談ですが，卒業後，学校に遊びに来た生徒から，Ａ子がやったものであると聞かされました）。
　私は，落書きを見た瞬間は怒りを感じていましたが，徐々に落ちつきを取り戻して，Ａ子を含めた生徒たちとの今までのかかわり方をふり返りました。

> 「この出来事は，これまでの私の態度への彼らの答えなのだな」

と己の無力さを感じました。その時，「自分の在り方を変えていかなければ，思春期の生徒たちとつながることはできない。絶対に変わろう！」という思いを強くしました。
　そこからは「思春期の生徒とつながるには…」と自問自答し，試行錯誤する日々が続きました。Ａ子を含めた生徒との関係は，一気に改善することはありませんでした。時には教室に行くのが嫌で仕方なく，「早く1年が終わらないかな」と考えてしまうこともありましたが，学年の先生方からたくさんのフォローをいただきながら，何とか1年を終えることができました。
　新学期を前にした春休み，学年を持ち上がるかどうかの打診に正直，悩みました。しかし，当時の学年主任の先生から，

> 心は「姿」に顕れる

「あなたがあいつら（生徒）と試行錯誤をしながら日々を積み重ねてきた姿は，語らずとも生徒には伝わっている。何を隠そう，あいつらはあなたに学年に残ってほしいと思っている」という声をかけてもらいました。

その時に感じた身震いを今でも忘れることはありません。今度こそ，最初から，真摯に生徒と向き合おうと決めました。

この出来事の教訓を言語化してくれたのは学年主任でしたが，この学びは紛れもなくＡ子が気付かせてくれたものと考えています。

そして，この言葉は，今でも自分の指導の指針となっています。

(3) 小中学校の校種の段差から思春期の子どもたちのかかわりを考える

私は小学校と中学校の両方を経験してきました。その中で感じたことは，小学校も中学校も子どもたちの指導に必要な要素，それは，「母性，父性，子性」の三性であるということです。どちらの校種もその三点が必要なのは共通していますが，全体に占める割合に極端な違いを感じました。例えば，小学校であれば母性が強い傾向があり，中学校では父性が強い傾向があるように感じます。同じ成分でも，その配合が変われば，効果が変わる薬と同じで母性と父性のバランスが変われば，子どもが抱く印象が変わります。母性が強ければ優しくあたたかいイメージがあり，父性が強ければ厳しく，凛としたイメージをもちます。その配分の極端さが，子どもたちの校種を越える時のギャップにつながっていると私は感じます。

2 思春期の具体的指導

(1) 思春期の思いをありのまま受け止めて，来るべき時を待つ

Ｂ男は，私が２年間（中２～３）担任した生徒です。Ｂ男は内向的な少年で，以前から不登校傾向があり，担任するにあたって非常に心配した生徒でした。

> 何とか自分（教師）の力で，登校できるようにしよう！

と当初は思っていました。

　ですから，Ｂ男が休みがちになると，朝から家庭訪問へ行き，出てきたところを家族の了承を得て，学校に連れていきました。時には，自分の空き時間のすべてを家庭訪問に費やすということもありました。欠席しては連れていき，欠席しては連れていき…を繰り返していくうちに，だんだん家庭訪問をしても起きない，部屋から閉じこもって出てこないという日々が続くようになりました。「このままでは，Ｂ男が完全に不登校になってしまう」と内心ヒヤヒヤする日々を送っていました。

　そんなある日，Ｂ男が学校に来られないことを報告した時，「そういえば，Ｂ男のことを話していなかったよな」と学年主任から切り出されました。

　聞くと，Ｂ男は幼少期に母親と死別し，今は父親の実家で，父方の祖母と生活しているということ，また，父親は仕事の関係で日中ほとんど家におらず，Ｂ男は父親と会話する機会がほとんどないということでした。

　私は，彼のことはある程度知っていて，自分なりに向き合っていたつもりでした。しかし，そのことをきっかけに「彼には母性と父性の両方が足りないのかもしれない」と考えるようになり，

> 自分が彼にできることを行いながら，彼が登校するのを待とう。

と方針を変えました。

①　登校できるようになるまで

　家庭訪問をしてＢ男にすること，それは部屋に行き「おはよう，Ｂ男。朝だよ。起きられるかい？」と，そばで声をかけることから始めました。初めは無反応でしたが，少しずつ応答してくれるようになり，朝行くと起きて待っていて話ができるようになりました。それからは，前日の出来事やＢ男の好きなゲーム，ミュージシャン，アニメの話など，他愛のない会話を続けま

した。それは今思うと，彼へ「母性」を補っている感覚に近かったのだと思います。本当に少しずつでしたが，確実にＢ男との距離を縮めることができました。

　ある日，Ｂ男から「学校に行けそうな気がする」という言葉が出てきました。「そうか。学校来られそうか。でも，無理しなくていいからね」と言い残して私は学校へ戻りました。正直，「これで来るぞ！」といううれしさと「本当に来るかな」という不安が交互に押し寄せてきました。

　翌日，Ｂ男は遅刻したものの，頑張って登校し，教室で授業を受けることができました。Ｂ男が登校できるようになるまでに10か月ほどかかりました。その後も，Ｂ男は遅刻や早退，時には欠席が続いたものの，何とかもち直して２年生を終えました。

　② 自分の進路を見据え，前を向いて歩み出す
　３年生になり，再び彼の担任をすることが決まりました。前年度のこともあり，新年度が始まるまで本当に不安でした。しかし，Ｂ男は始業式に朝から登校することができました。それから，調子がいい時も悪い時もありましたが，２年生の時のように引きこもることはほとんどなくなり，彼なりに勉強にも取り組んでいました。３年生ということもあり，受験を意識したのかもしれません。「高校は行きたい」と個別面談の時に話したＢ男。それを実現させるために，彼なりに必死だったようです。

　他の生徒の進路が決まりつつあるある日の個別面談で，私はＢ男にずっと話しておきたかったことを話しました。それは彼の父親のことでした。彼は以前から父親と話す機会が少なく，遅くまで起きていてゲームを続けていることや朝起きられないことについて，父親から叱られてばかりいました。ですから，彼はどこかで父親のことを恐れていました。時には「父親に手を出されるかもしれない」と恐くて眠れなくなり，朝起きられないこともあったそうです。

　しかし，現実は違っていました。Ｂ男の父親は，誰よりもＢ男のことを真

剣に考えていました。「息子に自分ができることは、家族のために昼夜を問わず働いて、家族を守ろうとする姿を見せるだけです。自分は口下手だから、あいつ（Ｂ男）と話す時はつい口調がきつくなったり、できなかったことを怒ったりすることしかできないんです。でも、あいつにはしっかり高校に行ってもらいたいし、できれば、一生懸命勉強して自分のやりたい仕事をしてもらいたいんです」と、三者面談が終わってＢ男がいなくなってから私に話してくれていました。

　私はそのことをどうしてもＢ男に伝えたかったのです。自分の進路に向けて頑張っている時期だからこそ、彼に伝えることに意味があると感じました。

　Ｂ男に父親の話を伝えると、意外にも淡々とした表情で聞いていました。しかし、内心はとてもうれしかったようで、翌日からさらに頑張るＢ男の姿がありました。やはり、不器用ながらも彼を思う父親の熱い気持ちは、彼の心に火を灯したようです。私には補いきれない「父性」の存在を感じました。それは思春期の心をグッと前向きなエネルギーに変えるのだということを実感しました。

　Ｂ男は地元の高校に進学し、前向きに高校生活を送っています。地元ですから、時々、登下校中に顔を合わせます。過去にはなかった満面の笑みのＢ男がいました。

　私ができたことは少ないかもしれません。しかし、Ｂ男の不安や寂しさなどをありのまま受け止め、寄り添うことがＢ男の変化につながったのではないかと考えます。

(2) **あえて、普段通りに接する**

① **居心地のよさを感じる部活動**

　Ｃ男（中２）は私が指導する部活動に在籍していた生徒です。私が指導している部活は、競技人口が少ないということもあり、生徒に入部してもらうために、仮入部期間にできるだけたくさんの生徒に体験してもらっていました。Ｃ男は全く仮入部に来ませんでしたが、本入部決定の日、６人の新入部

員の中に彼がいました。

　Ｃ男は非常にこだわりが強く，思い詰めすぎなのでは…と思うぐらい自己内対話をしている生徒でした。しかし，その行動には必ずといっていいほど，本人なりの考えがしっかりとあると見受けられました。ですから，あえて細かいことを言わず，いつもその行動を見守り，行動の意図がわからない時にだけ「今，何でそれをしたの？」と尋ねるようにしていました。

　実はＣ男は不登校傾向にあり，部活には来ていましたが，授業は出られない状態だったのです。私は彼の入部後，数日はそのことを全く知らなかったのですが，職員会議の中でその状況を知りました。Ｃ男の状況は小学校の頃から続いてきたものであり，自分なりに考えた末の行動であったのに，そのことについては，何も聞かれずに咎められたことが原因の一つになっているということでした。

　部活の時には，全く他の生徒と変わりなく一生懸命練習したり，時にさぼって怒られたりしていたので，まさか，学校に来ることができなくて，部活のために週に１時間だけ登校しているとは思いもよりませんでした。しかし，そのことを知ってからも入部の時から指導方法を変えることはしませんでした。

　学校生活と部活の両面で全く別の顔を見せるＣ男。しかし，その理由がＣ男の母親との話でわかりました。

　それは，大会後の試合会場でＣ男の母親に呼び止められた時のことです。

　「いつもお世話になっております。Ｃは本当に部活が大好きなんですよ。だって，学校には行かなくても，家で自主練は欠かさないし，どうすれば上達するかをいつも考えているんですよ。それも，すべて先生がＣのことをよく理解し，あまり言葉多く話すのではなく，Ｃの考えを聞こうとしてくれているおかげです。ありがとうございます」というものでした。

　私は，特に何かを意識したわけではなかったのですが，とにかく，彼の行動のありのままを受け止めて，その気持ちに寄り添う姿勢が，Ｃ男にとってはとても居心地がよかったようです。

もう一つ，Ｃ男が部活を続けられている理由，それは同級生の存在でした。Ｃ男は大好きな部活でも，朝早く起きられずに，朝練や休日練習に出られないことがありました。しかし，彼らはそのことで彼を咎めることは一切しませんでした。なおかつ，部活に出てきた時には，何事もなかったかのように接していました。この「何気なさ」もＣ男にとっては居心地のよさを感じさせていたのかもしれません。

② Ｃ男に起きた劇的な変化
　Ｃ男が２年生になった時，学年の先生から「部活には問題なく出られているようだから，今年度のＣ男のクラスの国語は先生にお願いすることにしたよ」とＣ男の学年主任の先生から話があったのです。偶然にも私は年度当初２年生を１クラスだけ担当することは決まっていたのですが，どのクラスを担当するかまでは決まっていませんでした。これはＣ男の状況を考えた学年の先生方の配慮でした。
　それでも，Ｃ男にとって授業に出ることはとてもハードルが高く，いくら部活動顧問の私の授業だからといってそう簡単に出られるはずもありませんでした。Ｃ男の母も「さすがに，先生の授業なら出てくれると思ったんですけどね。やっぱり，部活動の同級生が同じクラスにいないこともあるかもしれないですね」と言って悩むばかりでした。私はＣ男に対して，部活ではいつも通りに接し，さらに，「授業にも出てこいよ」とは言いませんでした。やはり，私には「その時が来れば，きっと自分の意志で出るようになる」という思いがあったのだと思います。確たるものではありません。しかし，Ｃ男を信じて待っていました。
　10月のある日の授業，いつものようにＣ男のクラスへ授業に行くと，今まで居ることのなかった席に制服を着たＣ男の姿がありました。私は正直，本当に驚きました。うれしさもありましたが，驚きの方が強く，思わず歓声を上げそうになったくらいでした。Ｃ男には机間巡視の時に「よく来たな」とだけ言い，肩を叩きました。彼にどのような心境の変化があったかはわかり

ません。しかし，確実に何かが変わったのです。それから，彼は私の授業にほとんど出席しました。そして，部活にもいつも変わらず出ています。

　C男に真意を聞いたことがないので，はっきりとしたことはわかりませんが，

> ありのままを受け止め，普段通りに接する

ことが，C男に行動の変容をもたらしたのではないかと考えます。

　私も同級生もC男を特別扱いせず，また，責めることもしない，日常の一部として受け入れていたことが彼の安全基地となり，教室へ向かう力を与えたのかもしれません。

3 思春期指導の極意

　思春期の微妙な心は，何よりももろくて，何よりも繊細で，様々なことに影響されやすいものです。しかし，一見もろさをもつ微妙な心も，触れるものが何であるかによって，大きく脈打ち，鼓動を速め，力を与え，強い心に変化させていきます。

　微妙な心に触れる者として，私は，

> 真正面から，その子のありのままを受け止め，自分の意志で動き始めるのを待つ

ことが必要なのではないかと思います。

　心が姿に顕れるには時間がかかるかもしれません。もしかしたら，中学校を卒業しても変わらないかもしれません。たとえ，そうだとしても生徒を信じてありのままを受け止め，待ち続け，自分ができることをする。その姿が生徒にも伝わるのだと考えています。

（久下　亘）

11 「誰かのためにできること」を感じ合う

1 思春期の指導において大切にしていること

(1) …と言われても…

中学校教師が思春期の指導で大切にしていることと言われたら，

> すべてです。

思春期真っ只中の中学校3年間にかかわるので，教師の一言一句，一つ一つの行動，自分へのかかわり方，他の生徒への語り方，それらすべてが思春期の生徒に大きな影響を与える可能性があると思います。

思春期と言えば，「心も体も大人に…。イライラしたり，不安定だったり…」と言われる時期です。思春期真っ只中の中学生は，大人に近づく時期であり，自分や他人を強く意識する時期でもあります。

私は中学校3年間をかけて「大人になること」を意識させるように心がけて指導をしているつもりです。中学校3年生になると，自分の進路決定が控えています。自分で自分の進路を決定する，初めての人生航路の通過儀礼を経験するのです。「大人になる」ということは，「一人の人間」としての自立を求められることにもなります。

そこで，私が思春期の指導で大切にしていること。それは，

> 生徒を，「一人の人間」として，「対等な存在」として，尊重する

ということです。

確かに，他者から「自分はどう見られているのだろう」「自分は一体どん

な人間なんだろう」と自問自答することが多いのも中学生のこの時期です。だからこそ余計に，生徒は「大人として扱われたい」という気持ちが芽生えるのだと思います。ですから，生徒を一人の人間として尊重することは，とても重要な視点だと考えています。

(2) **生徒の人格をむやみに評価しない**
　私は一人の人間として，生徒の考え方に影響を及ぼすことや行動を変えることができたとしても，人格を変えることはできないと考えています。「お前の性格は〇〇だからダメだ！」。私はそう言われたら，その人とかかわることを避けたくなります。
　生徒も同じだと思うのです。人の人格をむやみに評価すべきではありません。信頼関係が崩れるどころか関係が絶たれてしまうこともあると思います。実際に，生徒の人格や性格を評価して生徒との関係が崩れた経験があります。

(3) **私の失敗「他の言い方はなかったのだろうか…」**
　Ａさん（中３女子）は活発な生徒でした。年度当初は私が担任になったことを非常に喜んでくれていました。ですが，授業中の私語や自分のタイミングで自分のしたいことをしてしまう傾向があり，私はそれに対して注意することばかりが続きました。
　Ａさんのよさを見ようともせず，できていないことにばかり注目していたのです。その結果，関係は悪化。それでもなんとかＡさんとつながろうと必死で，日々の連絡ノートにメッセージを書き，前担任からＡさんのよさを聞くなどして，自分なりに努力したつもりでした。
　ところが，決定的な失敗をしてしまいます。別の中学校の問題行動傾向の生徒がとんでもない変形学生服で６限の授業時間帯に勤務校に現れたのです。学校職員が対応し，その他校の生徒は帰らされました。そのことに関して，「終学活で事実を生徒に説明し，自校の生徒も同じ行動をしないように指導してください」という指示が出ました。

そのことを終学活で説明した時に、私はこともあろうに、他校の生徒の存在を完全に否定する発言をしてしまったのです。

> 「あんな服装で授業時間中に他校に来るなんてどうかしている」
> 「あんなふうになるなよ」

後でわかったことですが、その他校の生徒とAさんは交際しており、Aさんを迎えに来て、一緒に帰ろうとしていたようです。それから、Aさんの私に対する態度が急変しました。一切のかかわりを絶たれてしまったのです。私の言い方、配慮不足、そして人格否定の結果であり、私が「人格をむやみに否定しない」と考えるきっかけを与えてくれました。

(4) プラスの影響を意識する

「できていないことばかりに注目してしまう」、「人格を否定する」それらの失敗が、自分自身に新しい見方を与えてくれました。

> ○できていることに注目する
> ○人格を評価するのでなく、行動を評価する

という視点です。人格を評価するのでなく、生徒のできていることがどんなプラスの影響があるかを考えて、その価値観を語ることを始めたのです。赤坂真二氏（2011）は、「子どもの日常行為を『あたりまえ』と見ない」と言っています。「あたりまえ」を「ありがたい」と捉え直すことで[*1]、他者に対する感謝の気持ちが大きく広がります。誰もがしている「ありがたい」行動をお互いに確認し合うことで、「自分は学級のために役に立っている」という感覚や生徒同士の認め合いの雰囲気づくりをしようと思ったのです。

(5) てれるてらす（照れる照らす）

学級活動の時間に「認め合い」と「自己肯定感」の高まりを目標に、行う授業があります。「てれるてらす」などという名前を付けて活動しています。

「個別の生徒にスポットライトを浴びせ（照らす），その生徒を班員で照れさせよう（照れる）」という活動です。班ごとにじゃんけんをして，本日の「てれるてらすさん」を決めます。「てれるてらすさん」のよいところを班員で付箋に書きます。真ん中に「てれるてらすさん」の名前を書いた画用紙に，班員が書いた内容を読みながら「てれるてらすさん」の名前の周りに貼っていきます。そして，そのよいところが，学級のためになっていることをさらに付箋に記入して貼っていくのです。

　「てれるてらすさん」は自分のよさが他者や学級によい影響を与えていることに気付き，班員は自分の見方が「てれるてらすさん」をいい気分にさせることを実感します。人格をむやみに評価するのでなく，その人のできていることに注目して，その人が学級に大きく貢献していることに気付かせることで，お互いを尊重し合う風土をつくることを大切にしています。

2 思春期の具体的指導

(1) 化粧を落とした時

　忘れられない生徒がいます。Bさん（中3女子）は化粧をして登校する，授業には出られないなど，いわゆる問題行動傾向の生徒でした。4月に赴任したばかりだった私の考えでは，

> 学校のきまりを守らせるよりも，まずはかかわってつながろう

という方針でのスタートでした。思っていたよりも多くの話ができ，週に3回程度の登校と参加可能な授業を受けさせる，登校したら給食を一緒に食べるという生活が続いていました。

　ところが，Bさんが行動を共にしていたグループから外されるという事態が起こってしまいます。原因はここでは述べませんが，それまで仲良くしていたグループから一斉に外され，攻撃対象に陥ってしまったのです。Bさんは一切の登校ができなくなってしまいました。幸い，担任である私との関係

は良好でしたので，家庭訪問を行いながら，よりよい関係を新たに築くことを提案したり，学級の中のかかわりのある生徒の様子を話したり，進路指導を含めた，学習に取り組むことを促したりしていました。

　ですが，会えない時があります。化粧をしていない時でした。何度，家庭訪問しても，化粧をしていない時は必ず会えない，もしくは，扉越しでの会話しか，させてもらえませんでした。「なぜだろう」と思っていると，お母さんが小声で教えてくれました。「先生，今，あの子，すっぴんなんだよ」。その時，以前一緒に勤務した女性の先生の言葉を思い出しました。それは，

> 化粧はきれいになりたいだけでするのではない。仮面と同じ効果もある。

　つまり，Bさんは化粧をしないと人に会うことができないという心理状態であったと思うのです。そう思った瞬間にBさんへの対応が変わりました。私がBさんに対して行うべき支援は，

> 勉強よりも先に，人への恐怖心を取り除き，仮面を外してでも何かにチャレンジする勇気を与えること

だと思ったのです。

　学年主任と相談し，管理職の許可を得て，放課後の補習を始めました。もちろん，彼女なりの完璧なメイクのままです。でも，約束を守ってくれたこともあります。それは，約束の時間と，制服で登校すること。「うれしいねぇ。ちゃんと時間守ったし，制服も着ているねぇ」。そんな会話をして学習が始まりました。

　もちろん，「メイクが取れないなら，授業時間の登校は許可できない」という意見も中にはありましたが，むしろ，そちらの方が他の生徒に会わずに済むのでBさんも気持ちが楽に登校できると思いました。私自身も，「教師として」よりも一人の人間としての自分を優先してBさんと接することができるので，逆に大歓迎でした。

　10月初旬から，かかわりの深かった女性の教師の協力を仰ぎ，毎日1時間

半程度の放課後学習を３月まで続けることができました。学習面での成果もめざましく、メキメキと力を付けました。私を含めた２，３人の限られた職員にしか会いたくなかった状態も、顔を出してくれる職員が増えたこともあり、徐々に他の職員とかかわる機会が増えていきました。担当してくれた女性の教師との関係も非常に良好で、勉強の話だけではなく、女性同士の語りを通じて、人と人として関係を築いてくれたことも、Ｂさんが放課後学習を続けることができた大きな要因だと思っています。

　面接の練習もしました。最初は恥ずかしがって全く練習ができませんでした。面接用のテキスト教材を渡して家で予習させたり…。男性のベテラン体育教師に面接官の役をお願いしたこともありました。「絶対にやだ！　あいつ怖いし。無理無理」。相当な緊張や恥ずかしさもあったのでしょう。でも、顔は笑っています。

　「いいしー。来なくてー」という言葉は、Ｂさんの笑顔を見れば喜んでいる

だけだとわかりました。

　結果としてその先生から面接練習をしていただく機会はありませんでしたが、「いやー。心配していた。久しぶりに見たけど、いい顔しているね。大丈夫だ」という言葉をいただいた時に、その先生の懐の深さを感じました。そして、Ｂさんが表面上どのような反応を見せても、

　「自分のために何かをしてくれる人がいる」

と感じているＢさんの存在を実感することができました。

　高校入試前日、受験票を手渡して、最後の確認を行いました。「あーん。大丈夫。わかってるって」。強がっている様子が見て取れました。「ところでさ、お前、あした化粧落としてくるよな？」「えー、やだし」「でも、化粧、よくないのわかるだろ？」「まあね」「じゃあ、明日の引率は俺がするから、待ってるからな」「んー」「あ、化粧してなかったら、俺、お前のことわからんかもしれないな。でっかくＢって背中に名前書いとけや」「ばかか！　そ

んな恥ずかしいことできないし」。そんな冗談を交えながら，会話ができるまでの関係ができていました。

試験当日，Ｂさんは化粧を落とし，髪も結び，服装も立派に整えて，恥ずかしそうに私の前に現れました。

> 自分で決めて，化粧を落とし，自分の将来のために戦いに来たのです。

「頑張ったろ」。照れくさそうに笑いながらＢさんは言いました。「そうだな。よく頑張った。本当に。精一杯やってこい」「うん」

受験後，Ｂさんと少し話をしました。試験の結果がどうであれ，学校に来て勉強しようとしたこと，化粧をしないことを乗り越えて，将来のために立ち上がったこと。

それらが，私とＢさんとの信頼関係の結果であり，

> Ｂさんには人を感動させる力があるのだ

ということを伝えました。

素直に話を聞いてくれる姿を見ながら，私とＢさんが一人の人間として向き合い選んだ行動が，私の心を動かす力をもつことを伝えたかったのです。「きまりよりもかかわり」という選択が正しかったと感じた瞬間でした。

生徒は，本来何が正しい行動なのかをわかっています。しかし，仲間関係や不安が，その表面上の姿や態度を大きく変化させます。私たちが一人の大人として，そこに配慮し，一人の人間として向き合った時に，その子本来の姿を見せてくれるのではないでしょうか。

(2) 教師の力を超える力

Ｃ君（中３男子）は運動が大好きな生徒でした。リーダー性もあり，学級における影響力もある生徒でした。そして，彼の一番のよさは自分が決めたことは曲げない意志の強さ。ですが，その意志の強さが裏目となってしまうこともあり，トラブルに発展してしまったり，損をしたりしてしまうことも

ありましたが，そんな不器用なところが私は大好きでした。C君と行動を共にする仲のよい友人たちの中にD君がいました。D君は明るく，「ここぞ」という時に助けてくれる頼り甲斐のある男でした。C君とD君は協力しながら，様々な活動をリードしてくれました。

　しかし，あることをきっかけにC君とD君の関係に亀裂が入ります。プライベートな問題だったので，すべてを話してはくれませんでしたが，私の見取りでは，C君のやや行き過ぎた行動をD君が戒めたのではないかと思います。他の友人たちとの距離も生まれ，徐々に学校から足が遠のきます。「学校に行っても面白くない」「話す仲間がいない」「Dとはもう仲良くしようと思わない」「俺は一人でいい」。C君の精一杯の強がりの言葉が私の心に突き刺さります。C君の性格からいって，

> 絶対に，自分からは仲間に戻ろうとはしないのではないか

という心配が大きくなっていきました。

　心配していたことは現実になります。3学期になって，登校する日が激減してしまいました。卒業間近，高校入試に向けて個人の力を伸ばしている時期です。正直，他の生徒に「C君が登校できるように援助してほしい」とは頼める状態ではありませんでした。D君とも話をしましたが，関係修復は難しそうでした。

　「俺とのつながりだけは切るわけにいかない」と思い，毎日家庭訪問をしました。放課後，朝，授業のない空き時間。話はできるのですが，登校を促すような話になると，「絶対に行かない」と拒否します。解決の糸口も見つからないまま，卒業式練習も始まってしまう時期になりました。「もう，卒業式は参加できないかもしれない」。そう思いながら，家庭訪問を続けていました。

　卒業式2日前のことです。家庭訪問をしたら，C君が少し違う表情で玄関に現れました。「なんか，手紙があった」。見せてくれた手紙には，「明日，迎えに来るから卒業式練習するぞ。迎えに来るから！」。そんな内容が書か

れていました。「あいつら，こんなことしてくれたのか…」。それしか言葉は出ませんでした。涙が溢れてきました。何とか伝えた言葉は，「そっか。いいから…，もう，いいから来い。学校来い…」。なんの説得力もない言葉しか出てきません。C君も涙を流していました。

　翌日の夕方でした。雪でビショビショになった学級の男女4人の生徒が現れました。「先生，C来た！　来たよ！　卒業式練習しよ！」。玄関には，同じくビショビショのC君。C君は「いいから。もう卒業式出ないから」。4人の友人たちは「わかった，わかった。いいから行くよ！」とC君の背中を押します。私を含めて6人だけの卒業式練習をしました。C君の前後に並び，卒業証書授与の動きを伝える4人の友人たち。私は涙をこらえるのに必死でした。6人だけの卒業式練習が行われていることを知らなかった他の先生が体育館に来た時です。「お前ら…。な，何してんの？　おっ！　C君！　来たか！」。その時に発した女子生徒の一言が，たまりませんでした。

「見たか3年○組の団結力！」

　卒業式練習を終え，C君が帰った後，4人と話をしました。「明日，大丈夫かな？」「大丈夫。もし，朝来なかったら，うちらまた迎えに行くわ」「4人で何とかしようとしてくれたの？」「いや，他の女子も男子も行こうとしてたけど，塾とかあってどうしても来れなかったんだよ。でも，けっこうみんな気にしてた」「そうか。ありがとう。でも，なんでここまでしてくれた？」「いやぁ，先生さ，毎日家庭訪問してたでしょ？　先生うちらに内緒にしてたっぽいけど，みんな知ってたからね。だからさ，そろそろ，うちらの出番かと…」と笑顔で教えてくれました。

　卒業式当日，登校したC君に「呼名の返事，頼むぞ。信じてるぞ」と伝えました。C君は呼名に最高の返事で応えてくれました。卒業式後の最後の終学活，最初はぎこちなく教室にいたC君ですが，4人の仲間とその他の仲間もC君に声をかけていく中で，その波に巻き込まれていきました。最後にはクラス全員で写真を撮りました。もちろん，C君，D君も一緒です。卒業後

も関係は続いているようです。

　私がＣ君と「何とかつながり続けよう」とする姿，「全員で卒業式を迎えたい」。そんな思いが生徒に伝わっていたのでしょう。結果として，

> 教師の力を超える仲間の力

が生まれ，Ｃ君を卒業式に参加させる最大の勇気につながった。そんなことを実感した，最高の卒業式を生徒からプレゼントされました。思春期を支える中学生の仲間の重要性を改めて感じることができました。

思春期指導の極意

　思春期の生徒にとって，自分の存在を認められること，そして自分の存在を確認するための居場所としての仲間の存在は共同生活を送る上で非常に大切だと考えます。ですが，同時に仲間の存在は，いつ，何時自分を異質なものとして排除してしまうかわからない，不安定で流動的な集団でもあります。思春期の生徒はそのような恐れを抱きながら必死に自分を自分らしく見せようと精一杯なのだと思います。

　二つのエピソードで語った，「生徒を，『一人の人間』として，『対等な存在』として，尊重する」「教師の力を超える仲間の力」というキーワードは，

> 思春期の生徒は「不安定で，流動的な仲間の影響を受けながら，不安定でも一人の人間として認められ，自立し始めようとする存在」だと思います。それらを丸ごとバランスよく支える教師の存在という視点

を私に与えてくれました。中学生という思春期の一人の人間を，仲間の力で支え合えるように，集団を育てる。それが大切だと思います。　（山本　宏幸）

【参考・引用文献】
＊１　赤坂真二『スペシャリスト直伝！　学級づくり成功の極意』P40，明治図書，2011

12 小さなブロックを積み上げて自分をつくる

1 思春期の指導において大切にしていること

　思春期の子どもたちとつながることは，教師として大きなエネルギーを必要とします。こちらの伝えたいことがうまく伝わらないジレンマ。なかなか本音を引き出せないことへの焦り。授業であれ，部活動であれ，本来の趣旨からかけ離れたところでの人間関係づくりにどれだけ悩んだかわかりません。し，今でも同僚に助けを求めることも多々ある毎日です。

　しかし，大きなエネルギーを費やしているのは，思春期の子どもたち自身も同じである気がしてなりません。不安に揺れている子どもたちは，閉じこもったり，遠ざかったり，意地を張ってみたりしながら自分を探しているのです。ですから，

　　思春期の子どもたちも，必死にもがいている！

という気持ちで接することを心がけています。

　私は，そんな難しい時期「思春期」を「自分をもつための時期」と捉え，「小さなブロックを積み上げて『自分』をつくるような時期」とイメージしています。「自分」をもう少し噛み砕いてみますと，「見えていない自分」「見られている自分」「ゆずれない自分」「変えたい自分」「なりたい自分」等，もっと表現できそうですが，これらが複雑に混在しており，「見通しがもてずに」「不安で」「自信がなく」「わかってもらえず」「どうすればいいのか」という部分で悩んでいると考えています。さらに，この悩みを表現すらできないことがつらいところで，閉じこもったり，遠ざかったり，意地を張ってみたりしてSOSを出している，何とかせねば！と私は気負うわけです。

N子（中1）に担任としてかかわった時，こんなことがありました。N子は，中学校入学と同時に別の学区から入学しました。学習にとても意欲的で，性格も明るいことから順調に新しい環境に溶け込んでいきました。ところが家庭環境の変化がもとで，服装の乱れや遅刻，やがて言動も粗野になっていきます。そして，友だち関係の悪化にも発展していきました。その姿は，まるで入学時のN子とは別人のような，荒れたものでした。

　当初は，以前のN子らしさを取り戻してほしいと，興味を引きそうな話題でさみしさを紛らせたり，N子らしい部分を認めたりしながら励ましました。N子もつらいだろうと少しでも理解しようとする私の気持ちが伝わっていたのか，ぎりぎりの関係で何とかつながっていたような気がします。しかし，授業さぼりや化粧，喫煙等が続いた時，その不適切な行動を正したいという私の思いが爆発してしまいます。

> そんなんでいいのか？

　この言葉が，私とN子の距離を一気に遠ざけてしまいました。遠くなったN子に語りかけるのは大変なことでした。2人で向き合えればと家庭訪問しても一切会うことはできませんし，書いて渡したものは，すべて破り捨てられました。心配が高まって出た言葉が，そんなに悪いという意識はありませんでしたが，N子全体の中の一部分の行動を指摘したことにより，すべてが成り立たなくなったことから考えると

> **積み上げている途中の小さな「自分」を決して否定しないこと**

がいかに大切なことかを思い知らされたのだと思います。悩みを適切に表現すらできないというつらさに寄り添う姿勢がいつしか薄れ，指導や修正といった教師主体の思いが強まっていったことで，N子は「自分」をもとうとするどころか，閉ざしてしまったのです。

　「自分」をもつためには何が必要なのだろうか。私は，「これがあなたらしさだ」「頑張ってるね」「大丈夫だ」「一人じゃない」「失敗してもいい」「安

心だ」ということを，集団の中で実感する（認められる，伝わる）ことではないかと思っています。これらを実感させるためには，まず最も近い存在からの励ましが必要です。励ましにより元気が湧くと小さなブロックが積み上げられていきます。積み上げには個人差があり，励ましには根気と愛情が必要です。N子のことをふり返ると，私の根負けでN子が否定されたと感じ，安心感とともに自分を積み上げる意欲を失ったと考えられます。子どもは，あたたかく応援してくれて，失敗した時は逃げ込める安全基地があればこそ挑戦できるのです。

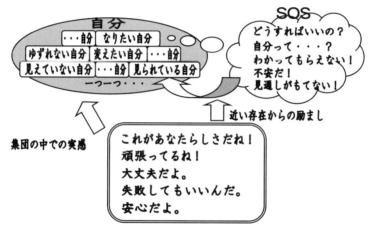

思春期の子どもたちとつながるイメージ

私からN子への励ましが届かない月日が流れる中，唯一届いたのが所属するテニス部顧問である女性教師の励ましでした。幽霊部員と化してほとんど練習に参加しないN子に，

「久しぶり！　元気だった？」

「おはよう！　今日はいつもより早いね。いいぞいいぞ」

と必ず笑顔で声をかけるのです。一瞬にこっと微笑むN子の表情から，励ましが伝わっていることが感じられました。

「具合が悪い時は保健室で休んでいいんだよ」

この言葉かけを機に，N子は養護教諭ともかかわることができるようにな

っていきました。その様子を聞くと，同じ女性同士でしか話せないこともあるとのことで，N子との交流が成り立たない数か月もの間，私が彼女の状態を知るには2人の教師の情報だけが頼りとなりました。一人よりも複数とかかわると，それだけ多くの励ましを受けることができます。2人の教師に助けられたのと同時に，一人で悩まない方がよいということも学びました。

自分以外の励ましの力を借りる

　（ホントに長くつらい日々でしたが）私とN子との関係が修復し始め，少しずつ会話が戻った時のことでした。見た目が派手なN子は3年生の女子グループから目をつけられ，睨まれたり，脅かされたりしたのです。ある日，同様に目をつけられた数名の女子とN子が被害の状況を訴えました。

　😊：「私ら何にもしてないのに悪口言ったとか言われて…」
　😊：「N子のこと，根も葉もないうわさを流したりして…」
　😊：「でもN子絶対そういう子じゃないしね」
　😊：「そうそう，N子のこと，私らで守るからね」

　ちょっと危険な会話の盛り上がりにドキドキしましたが，N子を囲む数名のチームができていることはとても心強いことでした。これがきっかけで，上級生に目をつけられているにもかかわらず，N子が学校で生活する時間は大幅に長くなっていきました。日直や給食当番，清掃など当たり前の活動を再びできるようになったことで，学級内での人間関係も修復に向かいました。

やっぱり認められるってすごい！

　「家庭環境の変化」は一向に進展がなかったようでした。もともとの発端はここにあると考えていました。でも，「友だち関係の修復」を境に，明らかに「不適切な言動」は少なくなっていきました。それは，「N子のこと，私らで守るからね」というつながりから修復し始めた友だち関係が安心感につながり，学級におけるN子の居場所が再び確保されたことで，自分のブロックを一つ積み上げることができたのだと私自身分析しています。以前のN

子らしさを取り戻す決め手となったのは，教師一人の力をはるかに超えた，「仲間の力」にありました。

2 思春期の具体的指導

(1) ラブレターを使って異性に対する自分を（中2：学級）

　好意をもつ女子生徒の下足箱に気持ちを綴った手紙を入れた男子生徒がいました。ラブレターは今では聞かない言葉です。届いてほしかったその思いは，たまたま発見した男子生徒により，たちまち学級内に広まっていったのでした。宛先となった女子生徒は戸惑い，送り主は誰か興味津々の男子生徒たち。手紙の中の山場に出てくる言葉が，誰に向けたかわからない方向への冷やかしとなり，冷やかしている方も，聞いている方も，どう盛り上がればよいかわからない感じの，不思議なムードができあがっていきました。生徒がやや幼かったこともあり，どうしてこのようなムードができあがったのか，担任である私は数日で何となく状況をつかむことができました。

　ある私の授業の始めに，その手紙を朗読している男子生徒を発見したので，頼んで見せてもらいました。自分のものではないことを証明したい彼は，速やかに渡してくれました。つかんでいた状況通りのラブレターでした。生徒は，私がどんな反応をするか息をのんで見ているようでした。

　「女子にしっかり気持ちを伝える文章だね。〇〇君，書いたことある？」

　聞かれた男子生徒は顔を真っ赤にして首を振っています。それを見ている周囲の生徒は冷やかす感じではなく，赤くなっている者や澄ましている者，うつむいて顔を見せずにいる者等，様々でした。この状況は，「いじめ」とは違う。私は，反応に困る生徒たちを見て判断しました。

> まだ異性に対する自分をもてないでいる

　このチャンスにしっかりと向き合う必要性を感じた私は，当事者同士の問題やそれを冷やかした周囲の問題よりも異性に対する自分をもつきっかけに

第2章　思春期の子どもとつながる学級集団づくり　143

なればと，全体に対して語りかけたのでした。
「好きと言えることはとっても素敵なことだよ。ここにいる全員にこの先必ずそういう時が来ます。デートも結婚もするでしょう？」
　生徒たちは恥ずかしそうな表情をしながらも，興味深く聞いてくれました。「好き」という感情をもつことはとっても素敵なことであることを伝え，でも現時点ではそのことが気になって仕方がない状況を，おかしなことではないと認めました。

学級全体の「気になる根源」はズレていないことを認める

「その時，伝える方は真剣でなくてはいけないよ。だって，適当に好きとか言われても，伝わらないよね？　今の場合は真剣かな？」
　根源はズレていなくても，茶化すことでそれぞれが向き合えていないことを指摘します。そして，
「親友が真剣な時，あなたはどうする？　必死で走っている親友。心を込めて楽器を吹く親友。一生懸命発表する親友」
　場面を変えて，一人一人が考えやすいようにたとえ，

真剣な姿には真剣に向き合うことが大切であると気付かせる

ようにします。「人を冷やかしたり，馬鹿にしたりしてはいけません！」となりそうな場面ですが，周りの生徒もまた，異性に対する自分をもてずにこのような言動に至っていると考えたのです。
「今のムードは，真剣な人からするとどうなのかな？　周りが茶化すようなら，先生だったらちょっとつらいな。きみならどうですか？」と

みんなに考えさせることで「個人の問題」から「全体の問題」にする

のです。学級全体に，「人を好きになる」ことについて考えさせるのです。
「みんなとっても考えてるね。そう。好きになるということは，真剣なことなんだ。でももう一つ，みんなに知っておいてほしいことがあります。そ

れは，伝え方と伝えるタイミングです。せっかく大事な気持ちを伝えたいのに，今回のような事態になったら，受け取る側の人はどんな気持ちになるかよく考えてほしいんだ。好きな人は，大事な人でもあるからね」

異性を意識するこの時期だからこそできるかかわりです。道徳の読み物資料等でも学べるのかもしれませんが，せっかく教室にある貴重な題材は使うべきなのです。やがて生徒一人一人がその場面に直面した時に，茶化さず「真剣」に向き合うことを大切にしてほしいという願いを込めて，丁寧に諭します。異性に関することは，大人への成長段階で一つずつ学べばよいのです。

それぞれの「小さな自分」として返す

「先生，あの手紙，実は僕だったんですけど…」
と一人の男子生徒が後から打ち明けてくれました。彼は，手紙を書いている時，下足箱に入れる時，それが他人の手に渡ってしまった時，どんな気持ちだったか話してくれました。こうすればよかったとか，こんな面に惹かれていると語る彼から，小さなブロックを積み上げようとしている姿が見えました。私も10代の頃の昔話を打ち明けると，少し安心した表情で聞き入りました。自分をもとうともがいている彼に，私自身の思春期の体験が役に立てばと，恥ずかしながらも日暮れまで語りました。

(2) **容姿が気になり，人前に出られなくなったP子（中1）**

P子は，「太っている自分が嫌い！」とダイエットに夢中でした。給食もカロリーの高めのおかずは口にせず残します。体操服に着替えると体のラインが目立つのを恐れ，保健体育の授業は毎回見学です。もともとは母親的な面倒見のよい性格で，係活動や給食当番等ではしきって動かすタイプです。分け隔てなく誰にでも優しい気配りのできる生徒でもありました。

担任となって一月半ほど経った家庭訪問の時でした。母親から過度のダイエットの実態を告げられ，私は戸惑いました。

「朝食はフルーツのみで，夕食はほとんど口にしないんです。食べなくなっていることもとっても心配なんですが，体型がわかりにくい服にもこだわり，納得しないとなかなか外出しないことも気になっています。このまま閉じこもってしまいそうな気がして…」

学校での様子とこの話を合わせると，食べない生活が続き，加えて外出や運動の機会も激減していることが明らかになりました。

２学期も始まって間もない頃，給食を残したり，体操服に着替えることを拒んだりするＰ子のことを批判する男子生徒の発言がもとで，Ｐ子は保健室の利用が多くなり，早退や欠席につながっていきます。２学期半ばには，完全に休む日が続いていました。小学校の時にも似たようなことがあったそうで，周囲の生徒たちも気を遣っていたらしいのですが，「わがままではないか」というニュアンスの発言に，Ｐ子の心は大きく傷ついたようでした。女子生徒に対するこういったかかわりを最も苦手とする私は，家庭訪問する日には決まってカウンセリング指導員の先生や養護教諭のもとを訪ねました。どんな言葉をかけてやればよいのかわからなかったからです。アドバイスにより，はじめは欠席を少しでも出席に変えたいという気持ちで接していたものが，その根底にある彼女のSOSと向き合えるようになっていきました。

根底にある彼女のSOSに向き合う

それは，「他人の目に自分がどう映っているか」を気にして，「スリムに自分自身を変えたい」という思いを強くする彼女に対して，「そのままで大丈夫！」というメッセージを送ることでした。

そのままで大丈夫！というメッセージを送る

面倒見のよい，気配りの細やかな面を認めたり，そんなＰ子のことを便りにしているクラスメートもたくさんいることを伝え続けました。私との関係を深め，何とか自信を取り戻してほしいと考えたからです。それでもＰ子が登校しない状態は全く変わりませんでした。Ｐ子の長期欠席を気にする女子

生徒は，
「Pちゃん，（小学校の時みたいに）体型のこと，気にしているのかなあ？」と心配しています。別の男子生徒も，
「P子がいたら，総合の調べ学習とかとっても進むのになあ…」
と頼りにもされています。私はこんなつぶやきをP子に聞かせてやりたいと思いましたが，特定以外の人に会うことを拒むP子に対し，私の口で一方的に伝えるだけにとどまっていました。

　そんな状況に変化が起こったのは，学習発表会の合唱コンクールでの出来事でした。本番のクラス合唱を，携帯電話からP子に聞いてもらったのです。P子の，
「先生，聴こえたよ。すごい下手だった。ありがとう」
という言葉をみんなに伝えると，とっても喜びの表情につながりました。同時に

　　双方向のコミュニケーションにするチャンスだ！

と捉えた私は，自分のメッセージとともに，みんなが喜んでいた様子やつぶやきを伝え，それに対するP子のリアクションを再び教室で伝えました。特別なことではない，ありふれた対応であると思うのですが，「みんなが認めている」とか「P子の言葉に喜んでいる」というメッセージは，私が考える以上にP子への励ましになっていたようでした。このようなメッセージのやりとりがしばらく続きました。私にとって，互いが互いの言葉や反応に喜んでいる姿は何よりうれしいことでした。

　そして3学期も後半。P子が相談室登校を始めました。相談室で生活していた3名の生徒がP子の登校を歓迎し，P子に笑顔が戻ります。
「明日も来る？　明日も来る？」
と聞かれながら照れくさそうに早退を続けるうちに，年度末には毎日登校できるようになりました。極度のダイエットから体への影響が少なからずあったものの，この相談室登校がきっかけで，2年生になってからはほぼ登校で

きるようになりました。教室からの，あるいは相談室からの励ましは，必死にもがいているＰ子にとって「人のもっている他者とつながる力を回復させる手続き」になっていたのだとふり返っています。

　思春期の子どもたちとつながることに精一杯だった私の経験について述べてきました。今思うことは，何か特別な手立てがあるというよりは，じっくりその子と向き合って励ますことの大切さです。また，仲間（＝チーム）の励ましがどれだけ本人にとって心強いかということです。これからも，お読みの先生方とともに，思春期の子どもたちが自分をもてるように支えていけたらと思っています。

（大谷　啓介）

【参考文献】
＊赤坂真二『先生のためのアドラー心理学　勇気づけの学級づくり』P131，ほんの森出版，2010
＊赤坂真二『教室に安心感をつくる　勇気づけの学級づくり・2』P17，ほんの森出版，2011

あとがき

　原稿が集まってきた時に,「これは,すごい本になるなあ」と思いました。
　執筆陣は,一緒に学んできた方だったり,自分のところで学んでいる院生なので,質の高い実践をされていることは知っていました。しかし,文章化されたそれぞれの実践を拝読して,その圧倒的な力に正直言って驚きました。また,すごいことはすごいのですが,どの実践も「こんなすごいことをやりました」という自慢話になっているのではなく,失敗談やそうした考えに至るまでのプロセスも示してあり,なんて誠実な記録なのだろうかと感心するばかりでした。
　私が駆け出しの小学校教師だった頃は,高学年の子どもたちが苦手でした。低学年の子どもたちの方が,チャンネルを合わせやすく,良好な関係をつくるのは得意でした。しかし,高学年,特に女子たちとの関係づくりに苦労しました。どうして毎日のようにトラブルを起こすのか,理解できなかったです。
　しかし,数々の失敗を通して集団づくりの極意を学びました。それは,

教育実践は,子どもたち一人一人との人間関係がすべて

という極めてシンプルな原則です。
　これを教えてくれたのが,最も苦手としていた高学年の女子たちです。彼女たちは,このことを私の教育観に深く深く刻み込んでくれました。だからこそ,私は教師として成長できたのだと思います。最初に学級崩壊と呼ばれる状況の学級(小6)を担任した時に,とても戸惑いました。何度も「もう無理」だと思いました。
　しかし,そのたびに基本に返りました。子どもたちに反抗されようが,どんな問題が起きようが,一人一人と向き合うことを心がけました。集団でいじめを繰り返した,女子のボスグループとも毎日のように遊びました。また,嫌いな友だちの靴を何度も隠した女子とも,放課後になるとおしゃべりを続

けました。そこでは，クラスメートや学級に対する不満や怒りの感情がたびたび聞かれました。それを一つ一つ「そうなんだあ」と聞きました。

　最初は不信感と敵意に満ちていた目つきがだんだんと柔らかくなり，いろんなことを話してくれるようになりました。そうするうちにトラブルは減っていきました。学級でイベントをする時，そして，学級を立て直す動きを立ち上げていった時に最も協力してくれたのは，その女子たちでした。

　あんなに自分を悩ませた高学年の女子たちが，学級崩壊立て直しの最も有力な協力者となっていたとは自分でも不思議な感じでした。それも，身をもって教師として大事なことを教えられたあの女子たちのおかげです。

　子どもたちとの関係づくりに四苦八苦していた頃から，20年以上の月日が流れ，私はかつての勤務校の付近の学校のPTA講演会に招かれました。いつものようにご機嫌に話を終えて，最後の質問コーナーとなりました。すると一人の若いお母さんが，手を挙げました。「先生，覚えていますか？」

　ドキリとしながら彼女の顔をよく見ました。そう，集団で私に反抗を繰り返し，同時に私に貴重な学びをくれたあの女子たちの一人でした。会場の廊下では，「先生，あの時はごめんなさい。でも，先生のことを忘れたことはありませんでした」とはにかんだ笑顔で言いました。今は二児の母となり，子育て奮闘中でした。「下の子が言うことを聞かなくて。先生どうしたらいいですか？」なんて質問をしてくれました。当時の面影を残しながらも，表情はシッカリとした親の顔になっていました。

　その頃のことは「うまくいかなかったこと」として自分の引き出しにしまってありましたが，子どもたちの引き出しへのしまい方は私と少し違っていたようでした。確かにうまくいかなかったけれども，子どもたちに向き合うことはしていたのかもしれません。

　執筆者のみなさん，そして明治図書の及川誠さんのおかげでこの画期的な書を世に出すことができました。ありがとうございました。

赤坂　真二

【執筆者一覧】（掲載順）

赤坂　真二	上越教育大学教授
松下　　崇	神奈川県横浜市立川井小学校
松尾　英明	千葉大学教育学部附属小学校
飯村　友和	千葉県佐倉市立青菅小学校
長崎　祐嗣	愛知県名古屋市立豊岡小学校
山田　将由	神奈川県横浜市立本牧小学校
永地　志乃	奈良県御所市立大正小学校
近藤　佳織	新潟県魚沼市立広神西小学校
白根　奈巳	愛知県名古屋市立山田小学校
堀川　真理	新潟県新潟市立巻西中学校
久下　　亘	群馬県高崎市立榛名中学校
山本　宏幸	新潟県上越市立城北中学校
大谷　啓介	富山県砺波市立般若中学校

【編著者紹介】

赤坂　真二（あかさか　しんじ）

1965年新潟県生まれ。上越教育大学教職大学院教授。学校心理士。19年間の小学校勤務では，アドラー心理学的アプローチの学級経営に取り組み，子どものやる気と自信を高める学級づくりについて実証的な研究を進めてきた。2008年4月から，情熱と意欲あふれる教員を育てるため教師教育にかかわりながら，講演や執筆を行う。

【著　書】

『スペシャリスト直伝！　学級づくり成功の極意』（明治図書，2011）
『スペシャリスト直伝！　学級を最高のチームにする極意』（明治図書，2013）
『THE　協同学習』（明治図書，2014）
『THE　チームビルディング』（明治図書，2014）
『一人残らず笑顔にする学級開き　小学校〜中学校の完全シナリオ』（明治図書，2015）
『最高のチームを育てる学級目標　作成マニュアル＆活用アイデア』（明治図書，2015）
『自ら向上する子どもを育てる学級づくり　成功する自治的集団へのアプローチ』（明治図書，2015）
『クラス会議入門』（明治図書，2015）
他多数

学級を最高のチームにする極意シリーズ

思春期の子どもとつながる学級集団づくり

2015年8月初版第1刷刊	©編著者	赤　坂　真　二
	発行者	藤　原　久　雄
	発行所	明治図書出版株式会社
		http://www.meijitosho.co.jp
		（企画）及川　誠（校正）関沼幸枝
		〒114-0023　東京都北区滝野川7-46-1
		振替00160-5-151318　電話03(5907)6704
		ご注文窓口　電話03(5907)6668
＊検印省略	組版所	長野印刷商工株式会社

本書の無断コピーは，著作権・出版権にふれます。ご注意ください。

Printed in Japan　　　ISBN978-4-18-185824-7
もれなくクーポンがもらえる！読者アンケートはこちらから　→